Gees, Siel,
en Liggaam Volume 1

Die Verhaal van die Verborge Vervolging van "Onsself"

Gees, Siel, en Liggaam Volume 1

Dr. Jaerock Lee

Gees, Siel, en Liggaam: Volume 1 deur Dr. Jaerock Lee
Gepubliseer deur Urim Boeke (Verteenwoordiger: Johnny. H. Kim)
235-3, Guro-dong 3, Guro-gu, Seoul, Korea
www.urimbooks.com

Alle regte voorbehou. Hierdie boek of dele daarvan mag nie gereproduseer, in 'n data-sentrum geberg of vermenigvuldig word, in enige vorm of deur enige medium – elektronies, meganies, fotografies, fonografies of enige ander vorm van opname – sonder die voorafgaande skriftelike toestemming van die uitgewer nie.

Alle Teksverwysings is geneem vanuit Die Bybel, Nuwe Vertaling (met herformulerings) 1975, 1979, 1983, 1986 deur die Bybelgenootskap van Suid-Afrika.

Kopiereg 2009 deur Dr. Jaerock Lee
ISBN: 979-11-263-1243-6 03230
Vertaling Kopiereg 2003 deur Dr. Esther K. Chung. Gebruik met toestemming.

Voorheen in Koreaans deur Urim Boeke in 2009 gepubliseer.

Eerste Publikasie Julie 2023

Geredigeer deur Dr. Geumsun Vin
Ontwerp deur Redaksionele Buro van Urim Boeke
Vir meer inligting kontak asseblief: urimbook@hotmail.com

Voorwoord

Mense wil gewoonlik 'n suksesvolle, gelukkige en gemaklike lewe lei. Selfs al het hulle geld, mag, en beroemdheid, kan niemand die dood ontwyk nie. Shir Huang-di, die Eerste Keiser van antieke China, het 'n hartversterkings plant van die lewe gesoek, maar hy kon ook nie sy dood vermy nie. Nietemin, deur middel van die Bybel, het God vir ons die weg geleer, om die ewige lewe te bekom. Hierdie lewe vloei deur Jesus Christus.

Vanaf die tyd wat ek Jesus Christus aangeneem het, en begin Bybel lees het, het ek begin ernstig bid, om God se hart te verstaan. God het my na sewe jaar se ontelbare gebede en vasperiodes geantwoord. Nadat ek 'n kerk begin het, het God aan my baie moeilike skrifgedeeltes in die Bybel, deur middel van die Heilige Gees verduidelik. Net een daarvan was die breedvoerige inhoud aangaande, 'Gees, Siel en Liggaam'. Dit is die verborge verhaal wat ons die oorsprong van die mens laat verstaan, en ons toelaat om onsself te verstaan. Dit is die verslag wat ek nie in staat was om elders te hoor nie, en verskaf aan my ondenkbare vreugde.

Wanneer ek hierdie boodskappe van gees, siel en liggaam verkondig het, was daar nie alleenlik getuienisse en reaksies vanuit Korea nie, maar ook vanaf oorsee gewees. Baie sê, dat hulle hulself erken, en verstaan watter soort menslike wesens hulle is, en antwoorde op die moeilike skrifgedeelte in die Bybel ontvang, terwyl hulle ook die maniere verstaan om ware lewens te verkry. Sommige van daardie mense sê dat hulle nou die doelwit bereik het, om 'n persoon van gees te word en aan God se verruklike natuur deel te neem, en hulle strewe daarna om dit te behaal, soos opgeteken staan in 2 Petrus 1:4, wat lees, "Deur dit te doen, het Hy ons die kosbaarste en allergrootste gawes geskenk wat Hy belowe het. Daardeur kan julle die verderf ontvlug wat deur begeerlikheid in die wêreld werksaam is, en deel kry aan die Goddelike natuur."

Sun Tzu's, Die Kuns van Oorlog sê, dat indien jy jouself en jou vyand ken, sal jy nooit enige veldslag verloor nie. Die boodskappe oor "Gees, Siel en Liggaam" werp lig op die innerlikheid van 'onsself' en dit leer ons aangaande die mens se oorsprong. Wanneer ons eers die boodskap deeglik geleer het en dit verstaan, sal ons in staat wees om enige soort persoon te verstaan. Ons sal ook die maniere leer om die magte van die duisternis te verslaan, dit wat ons geaffekteer het, sodat ons oorwinnende Christelike lewens kan lei.

Ek bedank ook vir Geumsun Vin, die Direkteur van die Redaksionele Buro en haar personeellede wie hulleself toegewy het, om die publikasie van hierdie boek moontlik gemaak het. Ek hoop dat jy voorspoedig sal wees met alles, en goeie gesondheid sal geniet, soos wat jou siel floreer, en verder aan God se goddelike natuur deelneem.

Junie 2009,
Jaerock Lee

Aanvang van die Reis oor Siel, Gees en Liggaam

"Mag God, wat vrede gee, julle volkome aan Hom toegewyd maak en julle geheel en al, na gees, siel en liggaam, so bewaar dat julle onberispelik sal wees wanneer ons Here Jesus Christus weer kom!" (1 Tessalonisense 5:23).

Teoloë het oor die elemente van die menslike wesens gedebatteer, tussen die tweedelige en die drievoudige teorieë. Die tweeledige teorie sê dat die mens uit twee dele saamgestel is: gees en liggaam terwyl die drievoudige teorie sê dat daar drie dele is: gees, siel en liggaam. Hierdie boek is op die drievoudige teorie gebaseer.

Gewoonlik, kan kennis gekategoriseer word, in kennis van God en kennis van die mens. Dit is vir ons baie belangrik om kennis van God te bekom, terwyl ons, ons lewens op die aarde lei. Ons kan suksesvolle lewens lei, en die ewige lewe bekom, indien ons God se hart verstaan en Sy wil volg.

Die mens is na God se beeld geskep, en sonder God kan hulle nie lewe nie. Sonder God kan die mens nie duidelik hulle oorsprong verstaan nie. Ons kan die antwoorde op die vrae omtrent die mens se oorsprong eers verkry, wanneer ons weet wie God is.

Die gees, siel en liggaam behoort tot 'n ander area wat nie

met slegs die menslike kennis, wysheid en krag begryp kan word nie. Dit is 'n area wat slegs deur God, wie die oorsprong van die mens begryp, aan ons kan bekend maak. Dit is om dieselfde rede waarom iemand wie 'n rekenaar gebou het, die tegniese kennis van die rekenaars se struktuur en beginsels verstaan, sodat dit net die bouer van die rekenaar is wie enige wanfunksionering daarvan, kan oplos. Hierdie boek is vol geestelike kennis omtrent die vierde dimensie, wat vir ons duidelike antwoorde op die vrae oor gees, siel en liggaam verskaf.

Die vernaamste dinge wat die lesers uit die boek kan leer, sluit die volgende in:

1. Deur die geestelike begrip van gees, siel en liggaam, wat die bestanddele van die mens is, kan lesers in 'hulleself' kyk en die insig van die lewe self verkry.

2. Hulle kan tot 'n volle selferkennig kom, met betrekking tot wie hulle werklik is, en watter soort van 'self' hulle gevorm het. Hierdie boek toon op 'n manier vir die lesers om aan hulleself te erken, soos wat die apostel Paulus in 1 Korintiërs 15:31 sê, "Ek sterf daagliks" om die heiligheid ten uitvoer te bring, en die mens van gees te word, soos wat God verlang.

3. Ons kan dit voorkom om deur die vyandige duiwel en Satan vasgevang te word, en die krag verkry om die duistenis te oorwin, slegs wanneer ons onsself verstaan. Soos Jesus gesê het, "God noem hulle tot wie sy woord gekom het, dus 'gode', en wat daar geskrywe staan, kan nie verander word nie" (Johannes 10:35), hierdie boek wys vir die lesers die kortpad om aan God se verruklike natuur deel te neem, en om al God se beloofde seëninge te ontvang.

 **Gees, Siel, en Liggaam: Volume 1**
Inhoudsopgawe

Voorwoord

Aanvang van die Reis oor Gees, Siel en Liggaam

Deel 1 Vorming van Vlees

Hoofstuk 1 Konsep van Vlees — 2
Hoofstuk 2 Die Skepping — 12
  1. Die Verborge Skeiding van Ruimtes
  2. Fisiese Ruimte en Geestelike Ruimte
  3. Mense met Gees, Siel en Liggaam

Hoofstuk 3 Mense in Fisiese Ruimte — 36
  1. Saad van die Lewe
  2. Hoe die Mens bly Voortbestaan
  3. Gewete
  4. Werkinge van die Vlees
  5. Ontwikkeling

Deel 2 Vorming van die Siel
(Werking van die Siel in die Fisiese Ruimte)

Hoofstuk 1 Vorming van die Siel — 84
  1. Definisie van die Siel
  2. Verskeie Verrigtinge van die Siel in die Fisiese Ruimte
  3. Duisternis
Hoofstuk 2 Self — 124
Hoofstuk 3 Dinge van die Vlees — 140
Hoofstuk 4 Verby die Vlak van 'n Lewende Gees — 158

Deel 3 Herwinning van die Gees

Hoofstuk 1 Gees en die Hele Gees   172
Hoofstuk 2 God se Oorspronklike Plan   196
Hoofstuk 3 Ware Mens   206
Hoofstuk 4 Geestelike Koninkryk   222

Gees, Siel en Liggaam: Volume 2
Inhoudsopgawe

Deel 1 Groot Ruimte van die Geestelike Koninkryk

Hoofstuk 1 Duisternis en Lig
Hoofstuk 2 Kwalifikasies om die Ruimte van
            Lig te kan Ingaan

Deel 2 Gees, Siel en Liggaam in die Geestelike Ruimte

Hoofstuk 1 Verskillende Woonplekke
Hoofstuk 2 Gees, Siel en Liggaam in die Geestelike Ruimte

Deel 3 Oortref die Beperkinge van die Mens

Hoofstuk 1 God se Ruimte
Hoofstuk 2 God se Beeld

Gees, Siel, en Liggaam Volume 1

Deel 1

Vorming van Vlees

Wat is die oorsprong van die Mens?
Waar kom ons vandaan en waarnatoe gaan ons?

U het my gevorm,
my aanmekaargeweef in die skoot van my moeder.
Ek wil U loof,
want U het my op 'n wonderbaarlike wyse geskep.
Wat U gedoen het,
vervul my met verwondering.
Dit weet ek seker: geen been van my was vir u verborge
toe ek gevorm is
waar niemand dit kon sien nie,
toe ek aanmekaargeweef is diep in die moederskoot.
U het my al gesien toe ek nog ongebore was,
al my lewensdae was in u boek opgeskrywe
nog voordat ek gebore is.
Psalm 139:13-16

Hoofstuk 1
Konsep van Vlees

Die liggaam van die mens wat teruggaan na 'n handvol stof met die gang van tyd; al die voedsel wat die mens eet; al die dinge wat die mens sien, hoor, en geniet; en alles wat hulle maak – al dit is voorbeelde van 'vlees'.

Wat is Vlees?

Die Mens is Onwaardig, Nutteloos indien Hulle in Vlees Bly

Alle Dinge in die Heelal Het Verskillende Groottes

Verhewe Groottes Oorwin en Oefen Beheer uit oor Kleiner Groottes

Regdeur die menslike geskiedenis het mense gesoek na 'n antwoord vir 'Wat is die mens?' Die antwoord op daardie vraag sal vir ons antwoorde op ander vrae verskaf, soos, "Om watter doel is ek veronderstel om te lewe?" en "Hoe is ons veronderstel om ons lewens te lei?" Studies, navorsings en bespiegelinge oor die menslike bestaan, was op grootskaal uitgevoer in die koninkryke van wysbegeerte en godsdiens, maar dit is nie maklik om 'n helder en kernagtige antwoord daaroor te vind nie.

Nietemin, mense het herhaaldelik en voortdurend probeer, om verder antwoorde te verkry op vrae soos, "Wat se soort wese is die mens?" en "Wie is ek?" Sulke vrae word gevra, omdat die antwoord op sulke vrae mag lei, tot die sleutel om die fundamentele probleme van die menslike bestaan, op te los. Die studies van hierdie wêreld kan nie 'n duidelike antwoord op sulke vrae gee nie, maar God kan wel. Hy het die heelal en alles daarin, en die mens geskep. God se antwoord is korrek. Ons kan 'n leidraad op sulke vrae in die Bybel vind, wat die Woord van God is.

Teoretici kategoriseer dikwels die menslike samestelling in twee kategorië, naamlik sy 'gees' en sy 'liggaam'. Die deel wat die aspekte van die verstandelike samestelling bevat, word gekategoriseer as 'die gees' en die deel waar die sigbare, en fisiese aspekte saamgestel is, word die 'liggaam' genoem. Hoewel, die Bybel kategoriseer die mens se samestelling in drie dele: gees, siel en liggaam.

1 Tessalonisense 5:23 lees, "Mag God, wat vrede gee, julle volkome aan Hom toegewyd maak en julle geheel en al, na gees, siel en liggaam, so bewaar dat julle onberispelik sal wees wanneer ons Here Jesus Christus weer kom!"

Gees en siel is nie dieselfde dinge nie. Dit is nie net die name wat verskil nie, maar hulle wese verskil ook. Om sodoende die 'mens' te verstaan, moet ons leer wat liggaam, siel en gees is.

Wat is Vlees?

Laat ons eerstens die woordeboek se definisie van die woord 'vlees' beskou. Die Merriam-Webster Woordeboek sê vlees is "die sagte dele van 'n dier se liggaam en vernaamlik die van 'n gewerwelde dier; vernaamlik: die dele wat hoofsaaklik uit geraamte spierweefsels saamgestel is, as onderskeiding van die inwendige organe, bene en vel." Dit kan ook na die dier se eetbare dele verwys. Maar, om te verstaan waarna 'vlees' in die Bybel verwys, moet ons eerder die geestelike betekenis daarvan, in plaas van die woordeboek se definisie verstaan.

Die Bybel gebruik die woorde 'liggaam' en 'vlees' dikwels. In die meeste gevalle het dit 'n geestelike betekenis. In 'n geestelike betekenis, is vlees die algemene term vir dinge wat vergaan, verander en uiteidelik, met die verloop van tyd verdwyn. Dit is ook die dinge wat vieslik en onrein is. Bome wat groen blare het, sal eendag verdroog en doodgaan, waarna hulle takke en stompe vuurmaakhout sal word. Die bome, plante en alle dinge in die natuur sal met die verloop van tyd vergaan, verrot en verdwyn. Dus, is dit alles vlees.

Wat omtrent die mens, die Here van al die skepsels? Vandag het ons ongeveer 7 miljard mense in die wêreld. Selfs op hierdie oomblik, word babas voortdurend iewers op die aarde gebore, en op ander plekke is mense voortdurend besig om te sterf. Wanneer hulle sterf, keer hulle liggame terug na 'n handvol stof, en hulle is ook vlees. Verder, die voedsel wat ons eet, tale wat gespreek word, die alfabet wat gedagtes vasvang, wetenskaplike en tegnologiese beskawings wat die mens benodig, is ook vlees. Met die verloop van tyd, vergaan en verander dit. Daarom, alles wat ons op die aarde kan sien, en alles wat in die heelal aan ons bekend is, is "vlees".

Mense wie van God afwyk, is vleeslike wesens. Wat hulle maak, is ook 'vlees'. Wat ontwikkel en soek die vleeslike mens? Hulle soek slegs die wellus van die vlees en die wellus van die oë, asook die grootpraterige trots in die lewe. Selfs die beskawings wat die mens ontwikkel het, moet die mens se vyf sintuie bevredig. Hulle moet plesier soek, en hulle vleeslike wellus en begeertes vervul. Met die verloop van tyd, het die mense toenemend meer na wellustige en uitdagende dinge gesoek. Hoe meer die beskawing ontwikkel het, hoe wellustiger en meer korrup het die mense geword.

Terwyl daar sigbare 'vlees' is, is daar ook onsigbare 'vlees'. Die Bybel sê haat, twis, afguns, moord, owerspel en alle geaardhede wat met sondes verband hou, is vlees. Net soos die geur van blomme, die lug en die wind wat bestaan, maar nogtans onsigbaar is, is daar ook onsigbare sondige geaardhede in die mense se harte aanwesig. Alles dit is ook 'vlees'. Daarom, vlees is die algemene term vir alles wat vergaan, en met verloop van tyd verander, asook alle onwaarhede soos sondes, kwaad, onregverdigheid en wetteloosheid.

Romeine 8:8 sê, "Dié wat hulle deur hulle sondige natuur laat beheers, kan nie die wil van God doen nie." Indien die 'vlees' in hierdie vers gewoonweg, net na die mens se fisiese liggaam verwys, beteken dit dat geen menslike wese ooit God se wil kan doen nie. Dus moet dit 'n ander betekenis hê.

Jesus sê ook in Johannes 3:6, "Wat uit die mens gebore is, is mens: en wat uit die Gees gebore is, is gees," en in Johannes 6:63, "Dit is die Gees wat iemand lewend maak; die mens self kan dit nie doen nie. Wat Ek vir julle gesê het, kom van die Gees en gee lewe." 'Vlees' verwys ook hier na die verganklike en veranderlike dinge, en dit is waarom Jesus gesê het, dat dit niks voordelig is nie.

Die Mens Is Onwaardig, Nutteloos, Indien Hulle in Vlees Bly

Anders as diere, soek die mens sekere waardes gebaseer, volgens hulle emosies en gedagtes. Dit is nie vir ewig nie, en dus is hulle ook vlees. Die dinge wat die mens as waardevol beskou, soos rykdom, roem en kennis is waardelose dinge, wat spoedig sal vergaan. Wat omtrent 'n gevoel, genaamd 'liefde'? Wanneer twee persone gereeld met mekaar uitgaan, mag hulle dalk sê dat hulle nie sonder mekaar kan lewe nie. Baie van hierdie paartjies verander hulle menings, nadat hulle getroud is. Hulle raak maklik kwaad en gefrusteerd, en word selfs gewelddadig, net omdat hulle nie van iets hou nie. Al hierdie veranderings van gevoelens, is ook vlees. Indien die mens in vlees bly, verskil hulle nie baie van diere of plante nie. In God se oë is alles net vlees wat sal vergaan en verdwyn.

1 Petrus 1:24 sê, "Die mens is soos gras, en al sy skoonheid soos 'n veldblom; die gras verdor en die blom val af," en Jakobus 4:14 sê, "Julle wat nie eers weet hoe julle lewe môre sal wees nie! Julle is maar 'n damp wat 'n oomblik verskyn en sommer weer verdwyn."

Die liggaam en al die gedagtes van die mens is alles sonder betekenis, aangesien hulle van die Woord van God, wie gees is, afgewyk het. Koning Solomo het die eer en die grootsheid wat die mens op die aarde kan geniet, baie geniet, maar hy het die niksseggendheid van die vlees besef en gesê, "Alles kom tot niks, sê die Prediker, tot niks. Wat kry die mens vir sy geswoeg, sy geswoeg in hierdie wêreld?" (Prediker 1:2-3)

Alle Dinge in die Heelal Het Verskillende Groottes

Die afmetings in fisika of wiskunde word deur een van drie koördinate bepaal, om 'n posisie in die ruimte vas te lê. 'n Punt op 'n lyn het een koördinaat, en is een dimensioneel. 'n Punt op 'n vliegtuig het twee koördinate, en is twee dimensioneel. Op dieselfde wyse, het 'n punt in die ruimte drie koördinate, en dit is drie dimensioneel.

Die ruimte waarin ons lewe, is volgens die fisika 'n drie dimensionele wêreld. In 'n dieper deel van die fisika beskou hulle die tyd as die vierde dimensie. Dit is wat verstaan word omtrent afmetings in die wetenskap.

Met die besigtiging van gees, siel en liggaam kan dimensie oor die algemeen, in die fisiese dimensie en die geestelike dimensie verdeel word. Die fisiese dimensie word weereens, vanaf 'geen-dimensie' tot 'derde dimensie' gekatogoriseer. Eerstens, die term geen-dimensie verwys na dinge wat leweloos is. Rotse, grond, water, en metale behoort tot hierdie kategorie. Alle lewende dinge behoort tot die eerste, tweede of derde dimensionele kategorië.

Die eerste dimensie verwys na dinge wat lewe en asemhaal,

maar nie kan rondbeweeg nie, dus het hulle geen funksionele beweeglikheid nie. Hierdie dimensie sluit blomme, gras, bome en ander plante in. Hulle het 'n liggaam, maar besit nie 'n siel en 'n gees nie.

Die tweede dimensie sluit lewende dinge in wat kan asemhaal, beweeg asook 'n liggaam en siel het. Dit is diere soos leeus, koeie en skape; dit is die voëls, visse en insekte. Honde kan hulle meesters herken of blaf vir vreemdelinge, omdat hulle siele het.

Die derde dimensie sluit dinge in wat kan asemhaal, rondbeweeg en wat 'n siel en gees het, wat in hulle sigbare liggame is. Dit verwys na die menslike wesens, wie die meester van al die skepsels is. Anders as diere, het die mens 'n gees. Dit is vir hulle moontlik om na God te soek, en hulle kan in God glo.

Daar is ook die vierde dimensie, wat vir ons oë onsigbaar is. Dit is die geestelike dimensie. God wie gees is, die hemelse gasheer en engele, behoort almal tot die geestelike dimensie.

Hoër Dimensies Oorheers en Oefen Beheer uit oor Laer Dimensies

Die tweede dimensionele wesens kan die eerste en laer dimensionele dinge oorheers, en beheer daaroor uitoefen. Die derde dimensionele wesens kan die wesens van die tweede en laer wesens oorheers, en daaroor beheer uitoefen. Laer dimensionele wesens is nie in staat, om hoër dimensies as hulle eie te verstaan nie. Eerste dimensionele lewensvorme kan nie die tweede dimensionele verstaan nie, en die tweede dimensionele lewensvorm kan nie die derde dimensionele lewensvorm verstaan nie. Byvoorbeeld, veronderstel 'n sekere persoon saai 'n sekere soort saad in die grond, maak dit nat, en versorg dit. Wanneer die saad ontkiem, groei dit op en word 'n boom wat vrugte dra. Daardie saad verstaan nie wat die mens met dit gedoen het nie. Selfs wanneer wurms deur die mens vertrap word, weet hulle nie wat die rede daarvoor is nie. Die hoër dimensies kan oorheers en beheer uitoefen oor laer dimensionele wesens, maar algemeen gesproke het die laer dimensies geen ander keuse as, om deur die hoër dimensies regeer te word nie.

Net so, menslike wesens wie derde dimensionele wesens is, verstaan nie die geestelike koninkryk, wat van die vierde dimensionele wêreld is nie. Dus, kan vleeslike mense nie regtig iets doen, omtrent die onderwerping en beheer deur bose geeste nie. Indien ons die vleeslike verwerp en mense van gees word, kan ons die vierde dimensionele wêreld ingaan. Dan kan ons bose geeste beheer en verslaan.

God wie gees is, wil hê dat Sy kinders die vierde dimensionele wêreld moet verstaan. Dan kan hulle God se wil verstaan, Hom gehoorsaam en die ewige lewe verkry. In Genesis hoofstuk 1, voordat Adam van die boom van die kennis van goed en kwaad geëet het, was hy in beheer en het oor alles regeer. Op 'n stadium het Adam geestelik gelewe, en het hy tot die vierde dimensie behoort. Nadat hy gesondig het, het sy gees gesterf. Nie alleenlik Adam homself nie, maar ook sy afstammelinge behoort nou tot die derde dimensie. Dus, laat ons nou sien hoe mense, wie deur God geskep was, terugval tot die derde dimensie, en tot die vierde dimensionele wêreld kan terugkeer!

Hoofstuk 2
Die Skepping

God die Skepper het 'n verbasende plan vir die menslike ontwikkeling gemaak. Hy het God se ruimte in 'n fisiese en geestelike ruimte verdeel, en Hy het hemele en aarde en alles daarin geskep.

1. Die Verborge Verdeling van Ruimtes

2. Fisiese Ruimte en Geestelike Ruimte

3. Mense met Gees, Siel en Liggaam

Voor die begin van die eeue het God alleen in die heelal bestaan. Hy het as die Lig bestaan, en oor alles wat in die heelal se uitgestrekte ruimtes beweeg het, regeer. In 1 Johannes 1:5 is dit opgeteken, dat God Lig is. Dit verwys hoofsaaklik na geestelike lig, maar verwys ook na God wie in die begin, as die Lig bestaan het.

Niemand het aan God geboorte geskenk nie. Hy is die volmaakte wese wat deur Homself ontstaan het. Dus, moet ons nie probeer om Hom met ons beperkte krag en kennis, te verstaan nie. Johannes 1:1 bevat die geheim van die 'begin'. Dit sê, "In die begin was die Woord." Dit is die verduideliking, rakende God se vorming van die Woord, in die verborgenheid en pragtigste ligte en die regering oor al die ruimtes in die heelal.

Hier, verwys die 'begin' na 'n sekere stadium, voor die ewigheid, 'n stadium wat die mens nie kan voorstel nie. Dit is selfs voor die 'begin' in Genesis 1:1, wat die begin van die skepping is. So, watter soort dinge het voor die skepping van die wêreld gebeur?

1. Die Verborge Verdeling van Ruimtes

Die geestelike koninkryk is nie baie ver weg nie. Daar is hekke op verskillende plekke in die sigbare hemelruim, wat met die geestelike koninkryk verbind is.

Na die verloop van 'n baie lang tydperk, wou God iemand gehad het, met wie Hy Sy liefde en alle ander dinge kon deel. God het beide godheid en menslikheid, en om daardie rede wou Hy alles met iemand deel, eerder as om alles by Homself te geniet. Koesterend met dit in Sy gedagte, het Hy die plan van die menslike ontwikkeling gemaak. Dit was die plan om die mens te skep, hulle te seën om in getalle te vermeerder, ontelbare siele te werf, wat God verteenwoordig en hulle in die koninkryk van die hemel te versamel. Dit is net soos wat landbouers die gesaaides verbou, die oeste versamel en die opbrengs in die pakhuis bêre.

God het geweet dat daar 'n geestelike ruimte moet wees, waar Hy kan woon, asook 'n fisiese ruimte waar die menslike ontwikkeling kan plaasvind. Hy het die groot heelal in 'n geestelike en fisiese koninkryk verdeel. Vanaf daardie stadium het God begin om as, God die Drie-eenheid, God die Seun en God die Heilige Gees te bestaan. Dit was omdat, ter wille van die toekomstige menslike ontwikkeling, die Saligmaker, Jesus en die Helper, Heilige Gees benodig sou word.

Die Openbaring 22:13 sê, "Ek is die Alfa en die Omega, die Eerste en die Laaste, die Begin en die Einde." Dit is wat omtrent God die Drie-eenheid opgeteken is. 'Die Alfa en die Omega' verwys na God die Vader, wie die begin en die einde van alle kennis en die menslike ontwikkeling is. 'Die eerste en die laaste' verwys na God die Seun, Jesus, wie die eerste en die laaste van die menslike saligheid is.

Die Seun, Jesus voer die pligte van die Saligmaker uit. Die Heilige Gees getuig voor die Saligmaker as die Helper, en Hy voltooi die menslike saligheid. Die Bybel druk die Heilige Gees op verskeie maniere uit, deur Hom met 'n duif of vuur te vergelyk, en na Hom word ook as 'Gees van God se Seun' te verwys. Galasiërs 4:6 sê, "En omdat ons sy kinders is, het God die Gees van sy Seun in ons harte gestuur, en in ons roep Hy uit: 'Abba!' Dit beteken Vader!" Ook, Johannes 15:26 sê, "Wanneer die Voorspraak kom wat Ek vir julle van die Vader af sal stuur, die Gees van die waarheid, wat van die Vader uitgaan, sal Hy oor My getuig."

God die Vader, die Seun en die Heilige Gees neem spesifieke vorme aan, om die menslike ontwikkeling ten uitvoer te bring, en hulle bespreek al die planne gesamentlik. Dit is in die aantekeninge omtrent die skepping, wat in Genesis hoofstuk 1 uitgebeeld word.

Wanneer Genesis 1:26 sê, "Toe het God gesê: 'Kom Ons maak die mens as ons verteenwoordiger, ons beeld,'" beteken dit nie dat die mens slegs, volgens die uiterlike beeld van God die Vader, die Seun en die Heilige Gees gemaak is nie. Dit beteken dat die gees, wat die fondament van die mens is, is deur God gegee en die heilige God word deur hierdie gees verteenwoordig.

Fisiese Koninkryk en Geestelike Koninkryk

Toe God alleen bestaan het, het Hy nie tussen 'n fisiese en 'n geestelike koninkryk onderskei nie. Maar, vir die menslike ontwikkeling, is dit nodig dat daar 'n fisiese koninkryk is, waar mense kon woon. Vir hierdie rede het Hy die fisiese en die geestelike koninkryke verdeel.

Die verdeling van die fisiese en geestelike koninkryke beteken nie dat dit in twee afsonderlike ruimtes verdeel is, soos wat ons iets in twee dele sny nie. Byvoorbeeld, veronderstel daar is twee soorte gasse in 'n vertrek. Ons voeg 'n sekere chemiese stof by, sodat een van die gasse rooi vertoon, om dit sodoende van die ander gas te onderskei. Alhoewel daar twee gasse in die vertrek is, kan ons oë slegs die gas wat rooi vertoon, sien. Selfs, alhoewel die ander gas onsigbaar is, is dit sekerlik ook daar.

Op dieselfde manier, het God die groot geestelike ruimte in 'n sigbare en 'n onsigbare geestelike koninkryk verdeel. Natuurlik, die fisiese en geestelike koninkryke bestaan nie, soos die twee soorte gasse in die voorbeeld nie. Hulle lyk afsonderlik, maar oorvleuel mekaar. Verder, soos wat hulle voorkom om mekaar te oorvleuel, is hulle ook afsonderlik.

As bewys dat die fisiese en die geestelike koninkryke afsonderlik bestaan en op 'n verborge wyse, het God poorte na die geestelike koninkryk op verskillende plekke in die heelal geplaas. Die geestelike koninkryk is nie iets wat baie ver weg is nie. Daar is op baie plekke in die sigbare hemelruim poorte na die geestelike koninkryk. Indien God ons geestelike oë sou open, sou ons in sekere gevalle die geestelike koninkryk deur daardie poorte kon sien.

Toe Stefanus vervul was met die Heilige Gees en hy Jesus aan die regterhand van God sien staan het, was dit omdat albei sy geestelike oë en die poort na die geestelike koninkryk geopen was (Handelinge 7:55-56).
Elisa was lewendig in die Hemel opgeneem. Die opgestane Here Jesus het na die Hemel opgevaar. Moses en Elisa verskyn op die Berg van Verheerliking. Ons kan verstaan hoe hierdie voorvalle werklike gebeurtenisse is, indien ons die feit erken dat daar poorte na die geestelike koninkryk is.

Die heelal is ontsaglik groot en moontlik oneindig in volume. Die sigbare gebied vanaf die Aarde (die waarneembare heelal) is 'n gebied met 'n straal van ongeveer 46 biljoen ligjare. Indien die geestelike koninkryk agter die fisiese heelal bestaan het, sou dit selfs met die vinnigste ruimtetuig eintlik 'n oneindige tydsduur geneem het, om by die geestelike koninkryk te kom. Ook, kan jy jou die afstand voorstel, wat die engele sou moes aflê om tussen die geestelike en die fisiese koninkryk te beweeg? Nietemin, met die bestaan van hierdie poorte, wat kan open en sluit, na die geestelike koninkryk kan jy baie maklik tussen die geestelike koninkryk en die fisiese wêreld beweeg, so maklik asof jy deur 'n deur loop.

God Het Vier Hemele Gemaak

Nadat God die heelal in die geestelike en fisiese koninkryke verdeel het, het Hy hulle verder in meer hemele, ooreenkomstig die behoeftes, verdeel. Die Bybel meld dat daar nie net een hemel is nie, maar baie hemele. Dit vertel ons in werklikheid, dat daar baie ander hemele is, behalwe die een wat ons met die blote oog kan sien.

Deuteronomium 10:14 lees, "Die hemel, selfs die hoogste hemel, behoort aan die Here jou God, ook die aarde en alles daarop" en Psalm 68:34 lees, "Tot eer van Hom wat ry deur die hemele, die hemele wat van die begin af daar is! Hy laat sy stem, sy magtige stem, weerklink!" En Koning Salomo sê in 1 Konings 8:27, "Sou God werklik op die aarde woon? Die hemel, selfs die hoogste hemel, kan U nie bevat nie, hoe dan nog hierdie tempel wat ek gebou het!"

God gebruik die woord 'hemel' om die geestelike koninkryk uit te druk, sodat ons die ruimtes wat aan die geestelike koninkryk behoort, makliker kan verstaan. Die 'hemele' was oor die algemeen in vier hemele gekategoriseer. Die hele fisiese ruimte insluitende ons Aarde, ons Sonnestelsel en ons Sterrestelsel, asook die hele heelal word as die eerste hemel beskou.

Vanaf die tweede hemel en verder, is geestelike ruimtes. Die Tuin van Eden en die ruimte vn die bose geeste is in die tweede hemel geleë. Nadat God die mens geskep het, het Hy ook die Tuin van Eden, wat die area van lig in die tweede hemel is, geskep. God het die mens in die Tuin gebring en hom laat oorwin, en hom oor alles laat regeer (Genesis 2:15).

Die troon van God is in die derde hemel geleë. Dit is die koninkryk van die hemel waar God se kinders sal woon, wie deur die menslike ontwikkeling, saligheid ontvang het.

Die vierde hemel is die oorspronklike hemel, waar God alleen as die Lig bestaan het, voordat Hy die ruimte verdeel het. Dit is 'n verborge ruimte waar alles vervul is, net soos wat God dit geberg het, wat ookal in Sy gedagtes kon wees. Dit is ook 'n ruimte wat alle beperkings ten opsigte van tyd en ruimte oorskry.

2. Fisiese Ruimte en Geestelike Ruimte

Wat is die rede dat so baie Bybelse geleerdes probeer het om die Tuin van Eden te vind, maar onsuksesvol was? Dit is omdat die Tuin van Eden in die tweede hemel geleë is, wat 'n geestelike koninkryk is.

Die ruimte wat God verdeel het, kan in die fisiese en geestelike ruimtes verdeel word. Vir Sy kinders wat Hy vanaf die menslike ontwikkeling gaan kry, het God die koninkryk van die hemel in die derde hemel gemaak, terwyl Hy die Aarde in die eerste hemel geplaas het, wat die stadium vir die menslike ontwikkeling moes wees.

Genesis hoofstuk 1 beskryf kortliks God se ses-dae skeppingswerk. God het nie 'n volkome en perfekte Aarde van die begin af gemaak nie. Hy het eerstens die fondamente van die grond gelê, daarna die lug deur die kragtige bewegings, en baie weerkundige verskynsels. God het baie inspanning vir 'n lang tyd beleef, en somtyds selfs afwaarts na die Aarde in Sy persoon gekom, om te sien hoe die vordering verloop, aangesien die Aarde die plek was waar Hy Sy geliefde, ware kinders vandaan sou kry.

Fetusse groei veilig in die vrugwater van die baarmoeder. Net so, nadat die Aarde gevorm en die fondamente gelê was, was die Aarde bedek met massas water, en hierdie water was die water van die lewe, waarvan die oorsprong vanaf die derde hemel is. Die Aarde was finaal gereed as die grond vir alle dinge om te lewe, nadat dit met die water van die lewe bedek was. Daarna, het God met die skeppingswerk begin.

Die Fisiese Ruimte, die Grond vir Menslike Ontwikkeling

Toe God gesê het, "Laat daar lig wees" op die eerste dag van die skepping, was daar geestelike lig wat vanaf God se troon gekom het, en die Aarde bedek het. Met hierdie lig en God se ewigdurende krag, asook die goddelike natuur wat alles insluit, was alles onder die beheer van die natuur se wette (Romeine 1:20).

God het die lig van die duisternis geskei en dit 'dag' genoem, terwyl Hy die duisternis 'nag' genoem het. God het die wet gemaak dat daar dag en nag en die vloei van tyd sal wees, voordat Hy die son en die maan geskep het.

Op die tweede dag, het God die uitspansel gemaak, en dit die waters laat verdeel wat die Aarde bedek, in die waters onderkant die uitspansel en die waters wat bokant die uitspansel is. God het die uitspansel hemel genoem, wat die sigbare hemelruim is wat jy met jou oë kan sien. Nou, was die basiese omgewing geskep, wat al die lewende dinge kon ondersteun. Die lug was geskep vir die lewende dinge om te kan asemhaal; die wolke en die lug was geskep, waar weerkundige verskynsels kan plaasvind.

Die waters onder die uitspansel is die waters wat op die Aarde se oppervlakte aanwesig is. Dit is die bron van waters wat die oseane, see, mere en riviere sou vorm (Genesis 1:9-10).
Die waters bokant die uitspansel was vir Eden in die tweede hemel gereserveer. Op die derde dag het God die waters onder die uitspansel bymekaar laat kom, om die see van die land te skei. Hy het ook die groenigheid en die groente geskep.

Op die vierde dag het God die son, maan en sterre geskep en dit oor die dag en nag laat regeer. Op die vyfde dag het Hy die visse en die voëls gemaak. Uiteindelik, op die sesde dag het God die diere en die mens gemaak.

Onsigbare Geestelike Ruimte

Die Tuin van Eden is in die geestelike koninkryk van die tweede hemel, maar dit verskil van die derde hemel se geestelike koninkryk. Dit is nie 'n volkome geestelike koninkryk nie, aangesien dit gelyktydig saam met die fisiese grootte kan bestaan. Eenvoudig gestel, dit is soos 'n tussenkomende fase tussen vlees en gees. Nadat God die mens as 'n lewende gees geskep het, het Hy die Tuin aan die oostekant van Eden aangelê, en die mens wat Hy gevorm het, daar laat woon (Genesis 2:8).

Hier, verwys die 'ooste' nie na die fisiese ooste nie. Dit het die spesiale betekenis van "'n area wat deur ligte omring is". Tot op die hede, het baie bybelse geleerdes gedink dat die Tuin van Eden was iewers rondom die Eufraat en die Tigrisriviere, en alhoewel hulle deeglike navorsing en baie argeologiese ondersoeke gelei het, was hulle nie in staat om enige spoor van die Tuin te vind nie. Die rede daarvoor, is dat die Tuin waar Adam, die 'lewende gees' voorheen gewoon het, is in die tweede hemel, wat 'n geestelike koninkryk is.

Die Tuin van Eden is 'n uitgestrekte ruimte wat vir ons ondenkbaar groot is. Die kinders wie Adam verwek het, voor sy pleging van sonde, woon steeds daar en skenk, voortdurend aan nog meer kinders geboorte. Die Tuin van Eden het geen beperkings oor ruimte nie, en sal dus nooit met die verloop van tyd oorbevolk raak nie.

Maar in Genesis 3:24, kan ons lees dat God het gerubs oos van die Tuin van Eden gesit, en ook 'n vlammemde swaard wat heen en weer beweeg.

Dit is omdat oos van die Tuin is aangrensend, tot die area van duisternis. Die bose geeste wil altyd die Tuin om verskeie redes binnekom. Eerstens, wou hulle vir Adam versoek, en tweedens wou hulle van die vrugte van die boom van die lewe verkry. Hulle wou die ewige lewe verkry, deur van die vrugte te eet en dan vir ewig God opponeer. Dit was Adam se plig om die Tuin van Eden teen die duisternis te beskerm. Maar aangesien Adam deur Satan mislei was, om van die vrugte van die boom van die kennis van goed en kwaad te eet, en hy na hierdie aarde uitgedrywe was, het die gerubs en die vlammende swaard sy pligte oorgeneem.

Ons kan aflei dat die area van lig waar die Tuin van Eden geleë is, en die area van duisternis vir die bose geeste in die tweede hemel gelyktydig bestaan. Verder, in die area van lig in die tweede hemel is daar 'n plek waar die gelowiges die Sewe-jaar Bruiloffees saam met die Here, na Sy Wederkoms sal hê. Dit is baie mooier as die Tuin van Eden. Almal wie gered is, sedert die skepping van die wêreld, sal deelneem. Jy kan jou net voorstel hoe groot daardie area sal wees.

Daar is ook die derde en vierde hemele in die geestelike koninkryk, en meer besonderhede daaroor sal in Volume Twee van Gees, Siel en Liggaam verduidelik word. Die rede waarom God die fisiese en die geestelike ruimtes verdeel het, en dit in baie verskillende ruimtes gekategoriseer het, is agter alles vir ons mense se onthalwe. Dit was gedoen in die voorsienigheid van die menslike ontwikkeling, om ware kinders te bekom. Nou, waarvan en hoe is die mens saamgestel?

3. Mense met Gees, Siel en Liggaam

Die geskiedenis van die mensdom wat in die Bybel opgeteken is, begin met die tyd toe Adam as gevolg van sy sonde, na hierdie aarde uitgedrywe was. Hierdie geskiedenis sluit nie die periode in, waartydens Adam in die Tuin van Eden gewoon het nie.

1) Adam, 'n Lewende Gees

Om die eerste mens, Adam, te verstaan, moet jy eerstens die oorsprong van die mens verstaan. God het Adam as 'n lewende gees, vir die menslike ontwikkeling geskep. Genesis 2:7 verduidelik die skepping van Adam: "Die Here God het toe die mens gevorm uit stof van die aarde en lewensasem in sy neus geblaas, sodat die mens 'n lewende wese geword het."

Die materiaal wat God gebruik het om Adam te skep, was die stof van die grond. Dit is omdat die mens deur die ontwikkeling op die aarde moet gaan (Genesis 3:23).

Dit is ook omdat die aarde, wat die stof van die grond is, van karakter sal verander, ooreenkomstig die elemente wat bygevoeg word.

God het nie alleenlik die mens se vorm van die stof van die aarde gemaak nie, maar ook die inwendige organe, bene, are en senuwees. 'n Uitstaande pottebakker sou 'n waardevolle porseleinstuk uit 'n handvol fyn klei kon maak. Aangesien God die mens na Sy beeld gevorm het, hoe pragtig sou die mens gewees het!

Adam was gemaak met 'n suiwer melkwit vel. Hy was fors gebou en sy liggaam was perfek van kop tot tone, asook al sy organe en elke sel van sy liggaam. Hy was pragtig. Toe God in Adam die asem van die lewe geblaas het, het hy 'n lewende wese geword, wat 'n lewende gees is. Die proses is dieselfde as die van 'n goed-ontwerpte gloeilamp, wat nie by dit self kan skyn nie. Dit kan slegs skyn, indien elektrisiteit voorsien word. Adam se hart het begin klop, sy bloed het begin sirkuleer en al die organe en selle het begin funksioneer, slegs nadat hy van God die asem van die lewe ontvang het. Sy brein het begin funksioneer, sy oë kon sien, sy ore het begin hoor en sy liggaam het begin beweeg soos hy wou, slegs nadat hy die asem van die lewe ontvang het.

Die asem van die lewe, is die kristal van God se krag. Dit kan ook God se energie genoem word. Dit is basies die kragbron om 'n lewe voort te sit. Nadat God in Adam die asem van die lewe geblaas het, het Adam 'n soort van gees gevorm, wat presies soos sy liggaam lyk. Net soos wat Adam 'n vorm vir sy fisiese liggaam gehad het, het sy gees ook 'n vorm aangeneem, wat presies soos sy liggaam gelyk het. Meer besonderhede, oor die vorm van sy gees sal in die tweede volume van hierdie boek verduidelik word.

Die liggaam van Adam, wie nou 'n lewende gees was, het uit 'n onverganklike liggaam van vlees en bene bestaan. Die liggaam het die gees gehuisves, wat met God gekommunikeer het, asook 'n siel wat die gees sou ondersteun. Die siel en liggaam gehoorsaam die gees, en op hiedie wyse behou hy die Woord van God, en kommunikeer met God wie gees is.

Toe Adam aan die begin geskep was, het hy die liggaam van 'n volgroeide volwassene gehad, sonder enige kennis. Net soos wat 'n baba goeie karaktereienskappe kan hê, en 'n produktiewe rol slegs deur onderrig in die gemeenskap kon speel, moes hy ook die nodige kennis opdoen. Dus, nadat Hy hom in die Tuin van Eden ingelei het, het God vir Adam met die kennis van die waarheid en die kennis van die gees verryk. God het hom die harmonie van al die dinge in die heelal, die wette van die geestelike koninkryk, die Woord van waarheid en die onbeperkte kennis van God geleer. Dit is waarom Adam die aarde kon oorwin en oor alles regeer.

Lewe Vir 'n Onberekenbare Tydperk

Adam, die lewende gees, het oor die Tuin van Eden en die Aarde regeer as die heerser van alle skeppinge, met die kennis en wysheid van die gees. God het gedink dat dit nie goed was vir hom om alleen te wees nie, en vir hom 'n vrou, Eva, met een van sy ribbebene geskep. God het haar 'n geskikte helper gemaak, en hulle een liggaam laat word. Nou, is die vraag, hoe lank het hulle in die Tuin van Eden gewoon?

Die Bybel gee nie vir ons 'n spesifieke tydperk nie, maar hulle het daar vir 'n ondenkbare tydperk gewoon. Maar ons vind wel in Genesis 3:16 die volgende, Vir die vrou het die Here God gesê: "Ek sal jou baie swaar laat kry met jou swangerskappe: met pyn sal jy kinders in die wêreld bring. Na jou man sal jy hunker, en hy sal oor jou heers."

As gevolg van die sonde wat Eva gepleeg het, het sy 'n vloek ontvang en dit het grootliks bygedra, tot die verhoogde pyn gedurende swangerskappe. Met ander woorde, voordat sy vervloek was, het sy aan kinders in die Tuin van Eden geboorte geskenk, met die minimum pyn. Adam en Eva was lewende geeste wat nie sou verouder het nie. So, hulle het vir 'n lang, lang tyd gelewe en vermenigvuldig.

Baie mense dink dat Adam van die boom van die kennis van goed en kwaad geëet het, kort nadat hy geskep was. Sommiges vra selfs die volgende soort vraag: "Aangesien die geskiedenis van die mens in die Bybel slegs vir ongeveer 6,000 jaar opgeteken is, hoe is dit dan dat ons fossiele vind, wat honderde duisende jare oud is?"

Die geskiedenis van die mensdom soos in die Bybel opgeteken, begin vanaf die tyd wat Adam na die aarde toe uitgedrywe is, nadat hy sonde gepleeg het. Dit sluit nie die tyd in, waartydens hy in die Tuin van Eden gewoon het nie. Terwyl Adam in die Tuin van Eden gewoon het, het die Aarde baie dinge deurgemaak, soos kragtige bewegings en gepaardgaande geografiese veranderinge, asook die groei en uitsterwing van verskeie lewende dinge. Sommige van hulle het versteen geraak. Om die rede kan ons fossiele vind, wat beskou word om miljoene jare oud te wees.

2) Adam het Sonde Gepleeg

Toe God vir Adam in die Tuin van Eden ingelei het, het Hy hom een ding verbied om te doen. Hy het vir Adam gesê, om nie van die boom van die kennis van goed en kwaad te eet nie. Na die verloop van 'n lang periode het Adam en Eva ten slotte, tog van die boom geëet. Hulle was uit die Tuin van Eden na die Aarde uitgedryf, en van daardie stadium af het die menslike ontwikkeling begin.

Hoe het dit gebeur dat Adam sonde gepleeg het? Daar was 'n wese wat agter die groot mag aan was, wat Adam van God ontvang het. Dit was Satan, die hoof van al die bose geeste. Satan het gedink dat hy moet die mag by Adam oorneem, om teen God op te staan en die stryd te wen. Hy het toe 'n deeglike plan beraam en 'n slang, wat listig was, gebruik.

Soos in Genesis 3:1 gesê word, "Die slang was listiger as al die wilde diere wat deur die Here God gemaak is," die slang was gemaak van klei wat 'n kenmerk van 'n listige natuur in dit gehad het.

As gevolg daarvan was die moontlikheid groter, dat dit die kwaad van listigheid, eerder as ander diere sou aanneem. Sy kenmerke was deur bose geeste aangespoor, en dus het die slang hulle instrument geword om die mens te verlei.

Bose Geeste Verlei Altyd Die Mense

Adam het op daardie tydstip so groot mag gehad, dat hy oor beide die Tuin van Eden en die Aarde regeer het, so dit was nie so maklik vir die slang om Adam direk te verlei nie. Dit is waarom hy verkies het, om eerstens vir Eva te verlei. Die slang het vir haar geslepe gevra, "Het God werklik gesê julle mag van geen boom in die tuin eet nie?" (v. 1) God het nooit vir Eva enigiets beveel nie. Die opdrag was aan Adam gegee. Die slang het die vraag aan Eva gestel, asof God die opdrag direk aan Eva gegee het. Eva se antwoord is opgeteken as, "Die vrou het die slang geantwoord:

'Ons mag eet van die vrugte van die bome in die tuin. God het net gesê ons mag nie eet van die vrugte van die boom in die middel van die tuin nie en ons mag dit nie aanraak nie, want dan sterf ons '"(Genesis 3:2-3).

God sê, "Die dag as jy daarvan eet, sterf jy" (Genesis 2:17). Maar Eva sê, "of jy sal sterf." Jy mag dink dat daar slegs 'n baie fyn verskil is, maar dit bewys dat sy nie Die Woord van God korrek in haar gedagtes bewaar het nie. Dit is ook 'n uitdrukking dat dat sy nie volkome in die Woord van God glo nie. Nadat die slang gesien het dat Eva die Woord van God verander, het hy begin om haar meer strydlustig te verlei.

Genesis 3:4-5 sê, "Toe sê die slang vir die vrou: 'Julle sal beslis nie sterf nie, maar God weet dat julle oë sal oopgaan die dag as julle van daardie boom eet en dan sal julle soos God wees deurdat julle alles kan ken.'"

Nadat Satan die slang aangehits het om die begeerte in Eva se gedagtes te plaas, blyk die boom van die kennis van goed en kwaad vir haar verskillend te wees, omdat dit aangeteken is, "... toe besef die vrou dat die boom se vrugte goed is om te eet en mooi om na te kyk en begeerlik omdat dit kennis kan gee" (v. 6).

Eva het nooit enige voorneme gehad om teen die Woord van God te gaan nie, maar nadat die begeerte 'n denkbeeld gevorm het, het sy uiteindelik van die boom geëet. Sy het van dit aan haar man, Adam, gegee en hy het ook daarvan geëet.

Verskonings deur Adam en Eva

In Genesis 3:11, vra God Adam, "Het jy tog nie van die boom

geëet waarvan Ek jou verbied het om te eet nie?"

God het van alles geweet, maar Hy wou gehad het dat Adam sy moes erken en dit moes bely. Adam het geantwoord, "Die vrou wat U my gegee het om by te staan, sy het vir my van die boom se vrugte gegee, en ek het geëet." (v. 12) Adam het te kenne gegee dat indien God nie vir hom die vrou gegee het nie, sou hy nie so iets gedoen het nie. Eerder as om sy verkeerde optrede te erken, wou hy net van die gevolge van die situasie ontsnap. Natuurlik was Eva die een wie vir Adam die vrugte gegee het, om te eet. Aangesien Adam die hoof van die vrou was, moes hy die verantwoordelik neem vir wat gebeur het.

Toe vra die Here God die vrou in Genesis 3:13, "Wat het jy nou gedoen?" Selfs indien Adam die verantwoordelikheid moes neem, kon Eva nie van die sonde wat sy gepleeg het, vrygestel word nie. Sy het ook die blaam op die slang geplaas, deur te sê, "Die slang het my mislei, en ek het geëet." Wat het met Adam en Eva, wie hierdie sondes gepleeg het, gebeur?

Adam se Gees het Gesterf

Genesis 2:17 sê, "...maar van die boom van alle kennis mag jy nie eet nie. Die dag as jy daarvan eet, sterf jy."

Die 'sterf' wat God hier meld is nie die fisiese dood nie, maar die geestelike dood. Wanneer jou gees sterf, beteken dit nie dat jou gees op een of ander manier, volkome verdwyn nie. Dit beteken dat die kommunikasie met God ontkoppel is, en dit kan nie meer funksioneer nie. Die gees bestaan nog steeds, maar dit kan nie meer van geestelike dinge vanaf God langer, voorsien word nie. Hierdie situasie verskil nie daarvan, om dood te wees nie.

Aangesien Adam en Eva se geeste gesterf het, kon God hulle nie langer in die Tuin van Eden, wat in die geestelike koninkryk geleë is, laat aanbly nie. Genesis 3:22-23 sê, "Toe het die Here God gesê: 'Die mens het nou soos een van Ons geword deurdat hy alles kan ken. As hy nou maar net nie sy hand uitsteek en die vrug van die boom van die lewe vat en daarvan eet en altyd bly lewe nie!'—Daarom het die Here God die mens weggestuur uit die Tuin van Eden uit om die aarde te gaan bewerk, die aarde waaruit hy gemaak is."

God het gesê, "die mens het soos een van Ons geword" en dit beteken eintlik nie dat Adam soos God geword het nie. Dit beteken dat Adam altyd net van die waarheid geweet het, maar net soos wat God van beide die waarheid en die onwaarheid weet, het Adam ook nou van die onwaarheid geweet. As gevolg daarvan, het Adam wie eens 'n lewende gees was, nou na die vlees teruggekeer. Hy moes die dood in die gesig staar. Hy moes na die aarde terugkeer, waar hy deur God geskep was. 'n Mens van vlees kan nie in 'n geestelike ruimte woon nie. Verder, indien Adam van die boom van die lewe geëet het, sou hy vir ewig gelewe het. Daarom wou God hom nie langer in die Tuin van Eden laat bly nie.

3) Die Terugkeer na die Fisiese Ruimte

Nadat Adam ongehoorsaam was teenoor God, en van die

boom van die kennis van goed en kwaad geëet het, het alles verander. Hy was na die Aarde, 'n fisiese ruimte, uitgedrywe, en kon slegs in die sweet van sy aangesig 'n oes insamel, deur pynvolle arbeid. Alles was ook vervloek, en die goeie omgewings tydens God se skeppingstyd, het nie meer bestaan nie.

Genesis 3:17 lees, "Vir die mens [Adam] het die Here God gesê: 'Omdat jy na jou vrou geluister het en geëet het van die boom waarvan Ek jou verbied het om te eet, is die aarde deur jou toedoen vervloek; met swaarkry sal jy daaruit 'n bestaan maak, jou lewe lank.'"

Vanuit hierdie vers, kan ons sien dat, as gevolg van Adam se sonde, het nie net hyself nie, maar alles op die aarde, naamlik die hele eerste hemel die vloek ontvang. Alles op die Aarde was in pragtige harmonie, maar 'n ander orde van die fisiese wet was gemaak. As gevolg van die vloek het kieme en virusse begin bestaan, terwyl die diere en plante ook begin verander het.

In Genesis 3:18 sê God verder vir Adam, "die aarde sal vir jou dorings en dissels laat uitspruit." Die gesaaides kan nie behoorlik groei, as gevolg van die dorings en dissels nie, so Adam kon die oeste slegs deur harde werk eet. Aangesien die grond vervloek was, het onnodige bome en plante begin bestaan. Skadelike insekte het ook te voorskyn gekom. Hy moes nou daardie nadelige dinge verwyder, om die grond te bewerk, sodat dit goeie landbougrond kan wees.

Die Nodigheid om jou Hart te Verander

Net soos wat Adam die grond moes ontwikkel, het 'n

soortgelyke situasie vir die mens bestaan, wie deur die menslike ontwikkeling op die aarde moes gaan. Voordat die mens sonde gepleeg het, het hy 'n suiwer en vlekkelose hart gehad, wat net geestelike kennis gehad het. Genesis 3:23 sê, "Daarom het die Here God die mens weggestuur uit die tuin van Eden uit om die aarde te gaan bewerk, die aarde waaruit hy gemaak is." Hierdie vers vergelyk Adam, wie van die grond se stof gemaak was, met die grond waarvan hy gemaak was. Dit beteken dat hy nou sy hart moes ontwikkel.

Voor sy pleging van die sondes, was dit nie nodig dat hy sy hart moes verander nie, omdat hy geen kwaad in sy hart gehad het nie.

Na sy ongehoorsaamheid, het die vyandige duiwel en Satan begin om die mens te beheer. Hulle het toenemend meer en meer vleeslike dinge in die mens se hart geplant. Hulle het haat, kwaad, arrogansie, owerspel ensovoorts geplant. Al hierdie dinge begin in die hart met dorings en dissels groei. Die mensdom het toenemend met die vlees besmet geraak.

Om die 'grond waarvan ons geneem was, te bearbei' beteken dat ons Jesus Christus moet aanneem; ons moet die Woord van God gebruik om die vlees wat in ons harte geplant was, te verwerp; en ons moet die regte geestelike toestand herwin. Anders, beteken dit dat ons 'n 'dooie gees' besit, en sal nie die ewige lewe geniet met 'n dooie gees nie. Die rede waarom mense op die aarde bearbei word, is om ons vleeslike harte te bearbei, om 'n suiwer geestelike hart te herwin. Hierdie hart is dieselfde as wat Adam voor sy val gehad het.

Vir Adam om uit die Tuin van Eden uitgedrywe te word en op die aarde te woon, was so 'n dramatiese verandering gewees. Dit moes groter pyn en verwarring gewees het, as wat 'n prins van 'n groot nasie sou ervaar, indien hy skielik 'n landbouer sou word. Eva moes ook nou meer pyn ervaar, gedurende swangerskappe.

Toe hulle in die Tuin van Eden gewoon het, was daar geen dood nie. Nou moes hulle die dood in die gesig staar, terwyl hulle in die fisiese wêreld woon, wat sal vergaan en verrot. Genesis 3:19 sê, "Net deur harde werk sal jy kan eet, totdat jy terugkeer na die aarde toe, want daaruit is jy geneem. Stof is jy, en jy sal weer stof word." Soos geskrywe, hulle moes nou sterwe.

Natuurlik, die gees van Adam kom van God, en dit kan nooit volkome uitgeblus word nie. Genesis 2:7 sê, "Die Here God het toe die mens gevorm uit stof van die aarde en lewensasem in sy neus geblaas, sodat die mens 'n lewende wese geword het." Die lewensasem het God se ewigdurende karakter.

Adam se gees was nie meer langer aktief nie. Dus, het die siel die funksie, as die meester van die mens oorgeneem, en ook beheer oor die liggaam verkry. Vanaf daardie tyd af, het Adam verouder, en moes hy uiteindelik die dood in die gesig staar, ooreenkomstig die fisiese wêreld se orde. Hy moes tot stof terugkeer.

Op daardie stadium, alhoewel die Aarde vervloek was, was sonde en kwaad nie so algemeen soos vandag nie. Adam was 930 jaar toe hy gesterf het (Genesis 5:5).

Met die verloop van tyd het die mense meer en meer sondig geword. As gevolg daarvan, het hulle lewensduurte ook verkort. Nadat hulle na die aarde afgekom het, vanaf die Tuin van Eden, moes Adam en Eva hulleself by die nuwe omgewing aanpas. Bowendien, moes hulle soos mense van vlees lewe, en nie soos lewende geeste nie. Hulle het na die arbeid moeg geword, dus moes hulle rus. Hulle het begin siektes ontwikkel, en siek geword. Hulle spysverteringstelsel het verander, soos wat hulle eetgewoontes verander het. Hulle moes na etes opelyf hê. Alles het verander. Adam se ongehoorsaamheid, was geensins 'n nietigheid nie. Dit beteken sonde het in die hele mensdom gekom. Adam en Eva, asook al hulle afstammelinge het op die aarde hulle fisiese lewens, met hulle dooie geeste begin.

Hoofstuk 3
Mense in die Fisiese Ruimte

Vlees is die natuur wat gepaardgaan met sonde,
en daarom is die mense geneig om in die fisiese ruimte sonde te pleeg.
Nietemin, in die hart van die mense is geleë
Die saad van die lewe deur God gegee,
En met hierdie saad van die lewe kan menslike ontwikkeling uitgevoer word.

1. Saad van die Lewe

2. Hoe die Mens Ontstaan het

3. Gewete

4. Werking van die Vlees

5. Ontwikkeling

Vorming van Vlees

Adam en Eva het op die aarde aan baie kinders geboorte geskenk. Alhoewel hulle geeste dood was, het God hulle nie verlaat nie. Hy het hulle geleer, aangaande die dinge wat noodsaaklik was, vir hulle aardse lewens. Adam het aan sy kinders hierdie waarheid oorgedra, dus het beide Kain en Abel goed geweet hoe hulle veronderstel was, om aan God offers te gee.

Met die verloop van tyd het Kain vir God 'n offer van vrugte uit die grond gebring, maar Abel het vir God 'n bloedoffer gegee, wat deur God verkies was. Nadat God slegs Abel se offer aanvaar het, het Kain in plaas daarvan sy fout te besef en te bely, so jaloers op Abel geword, dat hy hom werklikwaar doodgemaak het.

Met die verloop van tyd het die sonde toenemend meer algemeen geword. Teen Noag se tyd was die aarde so met die mensdom se geweld gevul, dat God die hele wêreld met water gestraf het. Maar God het vir Noag en sy drie seuns toegelaat, om 'n volkome nuwe ras te vorm. Nou, wat het met die menslike ras gebeur, wie op die aarde kom woon het?

1. Saad van die Lewe

Nadat Adam sonde gepleeg het, was sy kommunikasie met God beëindig. Sy geestelike energie het hom verlaat, om plek te maak vir vleeslike energie wat die saad van die lewe in hom, bedek het.

God het vir Adam uit die stof van die grond geskep. In Hebreeus beteken 'Adam' grond van die aarde. God het die mens uit klei gevorm, en in sy neusgate die asem van die lewe geblaas. In die boek Jesaja sê dit ook dat die mens was 'gevorm uit klei'.

In Jesaja 64:8 is opgeteken, "U is ons vader, Here, ons is klei en U het ons gevorm, ons is almal die werk van u hande."

Nie lank nadat ek hierdie kerk geopen het, het God vir my 'n visioen van Homself gewys, waarin Hyself besig was om Adam uit klei te vorm. Die materiaal wat God gebruik het, was grond gemeng met water, wat klei is. Hier, verwys die water na die Woord van God (Johannes 4:14). Indien die grond en die water kombineer en die asem van die lewe gaan daarin, bloed, wat lewe is begin sirkuleer en dit word 'n lewende wese (Levitikus 17:14).

God se krag is in die asem van die lewe. Aangesien dit van God afkomstig is, sal dit nooit uitgeblus word nie. Die Bybel sê nie net eenvoudig, dat Adam 'n mens geword het nie. Dit sê dat hy 'n lewende wese geword het. Dit is om te sê, dat hy 'n lewe gees was. Hy kon vir ewig gelewe het, met asem van die lewe, selfs al was hy gevorm uit stof van die aarde. Uit dit is ons in staat om die betekenis van die verse in Johannes 10:34-35 te verstaan, wat sê, Daarop sê Jesus vir hulle: "Staan daar nie in julle wet geskrywe:'Ek het vir julle gesê: Julle is gode nie? God noem hulle tot wie sy woord gekom het, dus 'gode', en wat daar geskrywe staan, kan nie verander word nie.'"

Soos geskep, in die begin kon die mens vir ewig gelewe het, sonder om die fisiese dood te ervaar. Alhoewel Adam se gees dood was, as gevolg van sy ongehoorsaamheid, in die kerngedeelte van dit is die saad van die lewe, soos deur God voorsien. Dit is ewigdurend en daardeur kan enigiemand wedergebore word, as 'n kind van God.

Saad van die Lewe aan Enigiemand Gegee

Toe God vir Adam geskep het, het Hy die onuitblusbare saad van die lewe in hom geplant. Die saad van die lewe is die oorspronklike saad wat God in Adam se gees geplant het, wat die kerngedeelte van sy gees is. Dit is die oorsprong van die gees, die kragbron om God te verwag en om die mens se plig te vervul.

In die sesde maand van swangerskap, gee God die saad van die lewe tesame met die gees vir die embrio. In hierdie saad van die lewe, is die hart en God se krag, sodat die mens met God kan kommunikeer. Die meeste mense wie nie God se bestaan erken nie, het steeds of vrees of is bang vir die lewe na die dood of hulle kan nie regtig God se teenwoordigheid diep in hulle harte ontken nie, omdat hullle die saad van die lewe diep in hulle harte het.

Die Pyramides en ander oorblyfsels bevat die mense se denkbeelde omtrent die ewige lewe, en hulle verwagtinge vir 'n ewige rusplek. Selfs die braafste mense vrees steeds die dood, omdat die saad van die lewe in hulle, die toekomstige lewe erken.

Almal het die saad van die lewe, soos deur God voorsien, en hy sal van nature vir God soek (Prediker 3:11). Die saad van die lewe funksioneer soos die mens se hart, en dit is direk verwant aan die geestelike lewe. Die bloed sirkuleer, om aan die liggaam suurstof en voedsel Nutrients te voorsien. Dit is aan die hart te danke. Soortgelyks, indien die saad van die lewe in die mens geaktiveer is, sal sy gees ook energiek word, en dan kan hy met God kommunikeer. Inteendeel, indien sy gees dood is, is die saad van die lewe nie geaktiveer nie, en kan iemand nie direk met God kommunikeer nie.

Die Saad van die Lewe is die Kern van die Gees

Adam was gevul met die kennis en waarheid wat God hom geleer het. Die saad van die lewe was volledig in hom geaktiveer. Hy was met geestelike energie gevul. Hy het so wys geword, dat hy al die name van die lewende dinge geken het, en as die heerser oor al die skepsele regeer het. Nadat hy gesondig het, was sy kommunikasie met God beëindig. Sy geestelike energie het ook begin om sy liggaam te verlaat. Sy geestelike energie was vervang deur vleeslike energie in sy hart, en die vleeslike energie het ook die saad van die lewe bedek. Verder het die saad van die lewe geleidelik sy glans verloor, en het volkome onaktief geword.

Net soos wat 'n mens se lewe eindig, wanneer sy hart ophou om te klop, het Adam se gees ook gesterf, nadat die saad van die lewe onaktief geword het. Dat sy gees gesterf het, beteken dat sy saad van die lewe volkome opgehou het om te funksioneer, dus was sy saad dieselfde as die dood. Daarom, enigiemand in hierdie fisiese ruimte word gebore met die saad van die lewe, wat volkome onaktief is.

Mense was nie in staat om na Adam se val, die dood te ontwyk nie. Vir hulle om weer die ewige lewe te verkry, moes hulle met die hulp van God, wie Lig is, die probleem van die sonde oplos. Naamlik, hulle moet Jesus Christus aanneem, en die sondevergifnis ontvang. Om ons geeste te laat herlewe, het Jesus aan die kruis gesterf, en die hele mensdom se sondes betaal. Hy het die weg, die waarheid, en die lewe geword, waardeur alle mense die ewige lewe kan verkry. Wanneer ons hierdie Jesus as ons persoonlike Saligmaker aanneem, kan ons van ons sondes vergewe word, en kan ons God se kinders word, deur die Heilige Gees te ontvang.

Die Heilige Gees aktiveer die saad van die lewe in ons. Dit is die herlewing van die dooie gees in ons. Vanaf hierdie oomblik af, begin die saad van die lewe wat sy lig verloor het, weer te skitter. Natuurlik, dit kan nie tot die volle omvang soos in Adam skitter nie, maar die kragtigheid van die lig sal sterker word, namate jou maat van geloof toeneem en jou gees groei en volwasse word.

Hoe meer die saad van die lewe met die Heilige Gees gevul is, hoe sterker lig sal uitgestraal word, asook die lig vanaf die geestelike liggaam. Tot die mate wat iemand homself met die kennis van die waarheid vul, kan hy die verlore beeld van God herwin en 'n ware kind van God word.

Die Fisiese Saad van die Lewe

Ter byvoeging tot die geestelike saad van die lewe, wat soos die kern van die gees is, is daar ook die fisiese saad van die lewe. Dit verwys na die sperma en die vroulike eiersel. God het die plan gemaak van die menslike ontwikkeling, waardeur hy ware kinders kan verkry, met wie Hy ware liefde kan deel. Om hierdie plan uit te voer, het Hy vir die mens die saad van die lewe gegee, sodat hulle kan vermenigvuldig en die aarde kan vul. Die geestelike ruimte waar God woon is onbeperk, en dit sou baie eensaam en verlate wees, sonder enigiemand rondom Hom. Dit is waarom God vir Adam as 'n lewende gees geskep het, en hom toegelaat het om die een na die ander generasie te vermenigvuldig, sodat God baie kinders kon kry.

Die soort kind wat God wil hê, is 'n persoon wie se dooie gees opgewek is, wie daartoe in staat is om met God te kommunikeer, en wie daartoe in staat sal wees om in die hemelse koninkryk liefde met Hom te deel. Om sulke ware kinders te verkry, het

God vir elkeen hierdie saad van die lewe gegee, en Hy het die menslike ontwikkeling sedert Adam se tyd gelei en bestuur. Dawid het hierdie liefde en plan van God besef en gesê, "Ek wil U loof, want U het my op 'n wonderbaarlike wyse geskep. Wat U gedoen het, vervul my met verwondering. Dit weet ek seker." (Psalm 139:14).

2. Hoe die Mens Ontstaan het

'n Menslike wese kan nie vanaf 'n ander menslike wese gekloon word nie. Selfs indien hulle die uiterlike voorkoms van 'n mens sou dupliseer, is dit nie 'n menslike wese nie, omdat dit nie 'n gees het nie. Die gekloonde wese sou nie van 'n dier verskil nie.

'n Nuwe lewe word gevorm, wanneer die sperma van die man en die vrou se eiersel verenig. Om volkome te ontwikkel, bly die mensgevormde fetus vir nege maande in die baarmoeder. Ons kan die verborge krag van God besef, wanneer ons die groeiproses vanaf die bevrugting tot die ontstaan van die swangerskap beskou.

Gedurende die eerste maand begin die senustelsel om te ontwikkel. Die basiese werk is dan gedoen, sodat die bloed, bene, spiere, are en inwendige organe gevorm kan word. In die tweede maand begin die hartklop, en dit neem rofweg die uiterlike voorkoms van 'n mens aan. Op hierdie stadium kan die hoof en die ledemate herken word. In die derde maand word die gesig gevorm. Dit kan die hoof, liggaam en die ledemate self beweeg, terwyl die seksorgane ook ontwikkel.

Vanaf die vierde maand is die plasenta voltooi, dus verhoog die voorsiening van voedsel, en die lengte en gewig van die fetus verhoog vinnig. Al die organe wat die liggaam en die lewe ondersteun, funksioneer normaal. Spiere ontwikkel vanaf die vyfde maand en die vermoë om te hoor ontwikkel ook, en dit kan geluide hoor. In die sesde maand ontwikkel die spysverteringsorgane sodat die groei selfs vinniger toeneem. Gedurende die sewende maand begin die hare op die hoof groei, en met die ontwikkeling van die longe begin dit asemhaal.

Die seksorgane en die vermoë om te kan hoor, word gedurende die agste maand voltooi. Die fetus mag selfs op uitwendige geluide reageer. Gedurende die negende maand begin die hare dikker word, en die dun hare op die liggaam verdwyn, terwyl die ledemate begin mollig word. Na die verloop van die volle nege maande is die gemiddelde baba ongeveer 50cm lank, die liggaam weeg 3.2kg en word gebore.

Die Fetus is 'n Lewe wat aan God Behoort

Met die ontwikkeling van die wetenskap vandag, het die mense groter belangstelling daarin om lewende dinge te kloon. Soos voorheen gemeld, ongeag hoe gevorderd die wetenskap word, mense kan nie gekloon word nie. Selfs, indien dit gebeur dat hulle met die uiterlike voorkoms van 'n mens gekloon sou word, sal dit geen gees hê nie. Sonder 'n gees verskil dit geensins van 'n dier nie.

Gedurende die groeiproses van 'n mens, anders as by alle diere, is daar 'n stadium wat 'n mens 'n gees ontvang. In die sesde maand van die swangerskap, het die fetus verskeie organe, 'n gesig en ledemate. Dit word 'n houer wat voldoende is om 'n gees te akkommodeer. Op hierdie stadium gee God die saad van die lewe tesame met sy gees vir die mens. Die Bybel het 'n aantekening waarvan ons hierdie feit kan aflei. Dit is die aantekening van 'n ses maande oue fetus se weerklank in die baarmoeder.

Lukas 1:41-44 lees, "Net toe Elisabet die groet van Maria hoor, het die kindjie in Elisabet se moederskoot beweeg, en sy is met die Heilige Gees vervul en het hard uitgeroep: 'Geseënd is jy onder die vroue en geseënd is die vrug van jou moederskoot! Waaraan het ek dit te danke dat die moeder van my Here na my toe kom? Kyk, net toe die geluid van jou groet in my ore klink, het die kindjie in my van vreugde beweeg.'"

Dit het gebeur toe Jesus in die moederskoot van die Maagd Maria verwek is, en sy 'n besoek aan Elisabet gebring het, nadat sy ses maande gelede met Johannes die Doper swanger geraak het. In sy moederskoot het Johannes die Doper van vreugde beweeg, toe die Maagd Maria opgedaag het. Hy het Jesus in Maria se moederskoot herken, en was met die Gees gevul. 'n Fetus is nie net alleenlik 'n lewe nie, maar is ook 'n geestelike wese, wie vanaf die sesde maand van swangerskap met die Gees gevul kan word. 'n Menslike wese is 'n lewe wat aan God behoort, vanaf die oomblik van bevrugting. Slegs God het oppergesag oor die lewe. Daarom, mag ons nie 'n baba aborteer, indien ons dit nodig ag nie, selfs al het die fetus nog nie 'n gees nie.

Die nege-maande periode waartydens die fetus in die moederskoot groei, is baie belangrik. Dit word vanaf die moeder van alles voorsien om te groei, dus moet die moeder 'n gebalanseerde dieet volg. Die gevoelens en denke van die moeder affekteer die vorming van die karakter, die persoonlikheid en die fetus se intelligensie. Geestelik is dit dieselfde. Die babas van daardie moeders wie God se koninkryk dien en ywerig bid, word gewoonlik met sagsinnige karakters gebore, en groei met wysheid en goeie gesondheid op.

Die oppergesag oor die lewe behoort alleenlik tot God, maar Hy meng nie in gedurende die loop van die bevrugting, geboorte en die groei van die mens nie. Die aangebore nature word, deur die lewensenergie in die sperma en eiersele van die ouers bepaal. Ander karaktertrekke word aangeleer, en ontwikkel ooreenkomsig die omgewing en ander invloede.

God se Spesiale Tussenkoms

Daar is sommige gevalle waar God ingryp, met iemand se bevrugting en geboorte. Eerstens, is dit wanneer die ouers God met geloof verheerlik, en ernstig bid. Hanna, 'n vrou wat tydens die tyd van die Rigters gelewe het, het in pyn en angs gelewe, omdat sy nie 'n baba kon hê nie en het na God gekom en ernstig gebid. Sy het 'n plegtige belofte gemaak, dat indien God vir haar 'n seun sou gee, sal sy die seun aan God opdra.

God het haar gebed gehoor en haar geseën, sodat sy swanger geraak het. Soos wat sy belowe het, het sy vir Samuel na die priester gebring, kort nadat hy gespeen was, en hom as 'n diensknég van God aangebied. Samuel het met God sedert sy kinderjare gekommunikeer, en later 'n groot profeet van Israel geword. Omdat Hanna haar belofte nagekom het, het God haar geseën en sy het swanger geword, en nog drie seuns en twee dogters gehad (1 Samuel 2:21).

Tweedens, God gryp in by die lewens van diegene wie as gevolg van God se voorsienigheid, deur Hom opsy gesit word. Om dit te verstaan, moet ons die verskil tussen 'om verkies te word' en 'om opsy gesit te word' begryp. Dit is deur God se verkiesing, wanneer God 'n sekere raamwerk vasstel, en dan voor die voet enigiemand kies wie binne die grense van die raamwerk kom. Byvoorbeeld, God het die raamwerk van saligheid vasgestel, en almal gered wie binne die grense van daardie raamwerk kom. Daarom, van hulle wie die saligheid ontvang het, deur Jesus Christus aan te neem en volgens die Woord van God te lewe, word gesê dat hulle 'verkies' is.

Sommige mense verstaan nie, dat God reeds besluit het wie gered word, en wie nie gered word nie. Hulle sê, indien jy een keer die Here aangeneem het, sal God op so 'n manier te werk gaan dat jy tog gered word, selfs alhoewel jy nie volgens die Woord van God lewe nie. Hierdie mening is foutief.

Elkeen wie, deur sy eie vrye wil gelowig word, binne die saligheidsraamwerk sal die saligheid ontvang. Dit is omdat hulle almal deur God 'verkies' is. Diegene wie nie binne die raamwerk van die saligheid kom nie, of hulle wie een keer binne die grense gekom het, maar dan wegbeweeg het om met die wêreld bevriend te raak, en wetende en gewilliglik te sondig, kan nie gered word nie, tensy hulle vanaf hulle gewoontes wegbeweeg.

Wat, dan, beteken 'om opsy gesit te word'? Dit is wanneer God, wie alles weet en beplan, voor die eeue, 'n sekere persoon kies en die hele verloop van sy lewe beheer. Byvoorbeeld, Abraham; Jakob, die vader van al die Israeliete; en Moses, die leier van die uittog, was almal deur God opsy gesit, om spesiale opdragte te vervul vir God in Sy voorsienigheid.

God weet alles. In die voorsienigheid van die menslike ontwikkeling, weet Hy watter soort persone moet op watter stadium in die menslike geskiedenis gebore word. Om Sy planne te vervul, verkies Hy sekere persone en laat hulle toe, om groot opdragte uit te voer. Vir hulle, wie op hierdie wyse opsy gesit word, gryp God in by elke oomblik van hulle lewens, vanaf hulle geboorte.

Romeine 1:1 sê, "Van Paulus, 'n dienaar van Christus Jesus, geroep om apostel te wees, afgesonder vir die evangelie van God."

Soos gesê, die apostel Paulus was opsy gesit as die apostel vir die nie-Jode om die evangelie te verkondig. Aangesien hy 'n moedige en onveranderlike hart gehad het, was hy opsy gesit om deur geweldige ondenkbare lydings te gaan. Hy het ook die opdrag en verantwoordelikheid ontvang, om die meeste van die Nuwe Testament se boeke te boekstaaf. Sodat hy sulke opdragte kan vervul, het God hom die Woord van God baie deeglik, vanaf sy kinderjare onder die beste leermeester, Gamaliël, van daardie tyd laat leer.

Johannes die Doper was ook deur God opsy gesit. God met sy bevrugting ingegryp, en God het hom sedert sy kinderjare 'n ander soort lewe laat lei. Hy het alleen in die woestyn gewoon, sonder enige kontak met die wêreld. Hy het 'n kledingstuk van kameelhaar gehad, asook 'n leergordel om sy middel; en sy voedsel was sprinkane en wilde heuning. Dit was die wyse waarop hy die weg vir Jesus voorberei het.

Dit was ook met Moses die geval. God het sedert Moses se geboorte ingegryp. Hy was in die rivier gegooi, maar deur die prinses gevind en hy het 'n prins geword. Nogtans, was hy deur sy eie moeder grootgemaak, sodat hy van God en sy eie mense kon leer. As 'n Egiptiese prins het hy al die kennis van die wêreld aangeleer. Soos verduidelik, om deur God opsy gesit te word, is wanneer God met Sy oppermag 'n sekere persoon se lewe beheer, deurdat Hy weet watter soort persoon moet op watter stadium in die menslike geskiedenis gebore word.

3. Gewete

Vir 'n mens om God die Skepper te soek en te ontmoet, asook om God se ewebeeld te herwin, en 'n waardevolle wese te word, word grotendeels bepaal deur die gewete wat hy het.

Die spermas en eierselle van die ouers bevat hulle lewensenergie, wat deur die kinders oorgeërf word. Dit is dieselfde met die gewete. Gewete is die standaard, om tussen goed en kwaad te kan oordeel. Indien die ouers 'n goeie lewe gelei het, tesame dat hulle goedhartig is, is dit meer waarskynlik dat die kinders met 'n goeie gewete, gebore sal word. Daarom, die basiese oorwegende faktor van iemand se gewete, is die soort lewensenergie wat hy van sy ouers oorgeërf het.

Selfs al word hulle met goeie lewensenergie van die ouers gebore, en hulle word in 'n ongunstige omgewing grootgemaak, en sien en hoor en plant baie kwaadwilliglike dinge in hulle, dan is dit waarskynlik dat hulle gewete met kwaad besmet sal word. Inteendeel, hulle wie wie in 'n gunstige omgewing grootgemaak word, en goeie dinge sien en hoor, sal waarskynlik 'n relatief goeie gewete hê.

Vorming van Gewete

Verskillende gewetens word gevorm, ooreenkomstig die ouers waaruit iemand gebore word, die soort omgewing waarin hy grootgemaak word, die soort van dinge wat hy sien, hoor en leer, asook die soort pogings wat hy aanwend om goed te doen. So, hulle wie uit goeie ouers geboere word, en in 'n goeie omgewing grootgemaak word, en wie hulleself beheer, soek gewoonlik goedheid, deur hulle gewete te volg. Vir hulle is dit maklik om die evangelie aan te neem, en deur die waarheid verander te word.

Oor die algemeen, mag mense dink dat die gewete die goeie deel van die hart is, maar volgens God se siening is dit nie. Sommige mense het 'n goeie gewete en dus 'n sterk neiging om goedheid te volg, terwyl ander 'n kwaadwillige gewete het, en hulle eie voordeel najaag, eerder as om die waarheid te volg.

Party het gewetenswroegings indien dit gebeur dat hulle selfs net 'n klein dingetjie van iemand anders neem, terwyl ander dink dat dit nie diefstal is nie, en daarom nie kwaadwillig is nie. Mense het verskillende standaarde met betrekking tot goed en kwaad, ooreenkomstig die soort omgewings waarin hulle grootgemaak is, en wat hulle geleer was.

Mense oordeel tussen goed en kwaad, ooreenkomstig elkeen se gewete. Mense se gewetes is almal verskillend. Daar is baie verskille, ooreenkomstig kulture en areas, daarom sal daar nie 'n volkome standaard wees, tussen goed en kwaad nie. Die volkome standaard kan slegs in die Woord van God, wat die waarheid self is, gevind word.

Verskil tussen Hart en Gewete

Romeine 7:21-24 sê, "So vind ek dan hierdie wet in my: ek wil die goeie doen, maar al wat ek doen, is die slegte. Diep in my wese vind ek vreugde in die wet van God, maar ek vind in my doen en late 'n ander wet, wat stryd voer teen die wet van my gees. Dit maak my 'n gevangene van die wet van die sonde wat in my doen en late aan die werk is. Ek, ellendige mens! Wie sal my van hierdie doodsbestaan verlos?"

Uit hierdie vers kan ons verstaan, hoe 'n mens se hart saamgestel is. Die 'innerlike mens' in hierdie vers is die hart van die waarheid, wat die 'wit hart' genoem kan word, en probeer om die Heilige Gees se leiding te volg. In hierdie innerlike mens is die saad van die lewe. Daar is ook die 'wet van sonde', wat die 'swart hart' is en uit onwaarheid bestaan. Daar is ook die 'wet van my verstand'. Dit is die gewete. Gewete is 'n standaard van waarde-beoordeling, wat iemand op sy eie gevorm het. Dit is 'n mengsel van 'wit hart' en 'swart hart'. Om die begrip gewete te verstaan, moet ons eerstens die begrip hart verstaan.

Daar is baie definisies vir die woord 'hart' in die woordeboeke. Dit is "die emosionele of morele onderskeiding van die intellektuele natuur," of "iemand se innigste karakter, gevoelens of neigings." Die geestelike betekenis van hart verskil egter.

Toe God die eerste mens, Adam, geskep het, het Hy vir hom die saad van die lewe tesame met sy gees gegee. Adam was soos 'n leë houer, en God het die kennis van gees, soos liefde, goedheid en betroubaarheid in hom geplaas. Aangesien Adam net die waarheid geleer is, het sy saad van die lewe uit sy gees self bestaan, tesame met die kennis wat dit bevat. Want, omdat hy slegs met die waarheid gevul was, was dit geensins nodig om tussen die gees en die hart te onderskei nie. Verder, omdat daar geen onwaarheid was nie, was 'n woord soos gewete onnodig.

Nadat Adam gesondig het, was sy gees nie meer dieselfde as sy hart nie. Nadat sy kommunikasie na God beëindig was, het die waarheid, die kennis van sy gees wat sy hart gevul het, begin afneem, en in die plek daarvan het onwaarhede soos haat, afguns en arrogansie begin om sy hart oor te neem, en die saad van die lewe bedek. Voordat onwaarheid in Adam gekom het, was dit onnodig om die woord 'hart' te gebruik. Sy hart was die gees self. Nadat onwaarhede, as gevolg van sondes ingekom het, het sy gees gesterf, en daarna het ons die woord 'hart' begin gebruik.

Die hart van die mens het na Adam se val, tot die toestand gekom, waar 'die onwaarheid, in plaas van die waarheid die saad van die lewe bedek' wat beteken 'siel, in plaas van gees, bedek die saad van die lewe'. Maklik gestel, die hart van waarheid is die wit hart en die hart van onwaarheid is die swart hart. Vir al Adam se afstammelinge wie na sy val gebore is, se harte bestaan uit 'n hart van waarheid of onwaarheid, en 'n gewete wat deur die waarheid en onwaarheid vermeng is.

Natuur is die Basis van Gewete

Die oorspronklike karakter van iemand se hart word na as 'natuur' verwys. Iemand se natuur word nie net deur erfenis voltooi nie. Dit verander ook ooreenkomstig, tot watter soort dinge iemand gedurende die groeiproses aanneem. Net soos wat die grond se karakter verander, ooreenkomstig tot wat ons byvoeg, kan iemand se natuur ook verander, ooreenkomstig tot wat hy sien, hoor en voel.

Al Adam se afstammelinge wie op hierdie aarde gebore is, het deur die lewensenergie van die ouers 'n natuur, wat 'n mengsel van waarheid en onwaarheid is, oorgeërf. Aan die een kant, selfs indien hulle gebore is met 'n goeie natuur, sal dit kwaadwillig wees, indien hulle kwaadwillige dinge in ongunstige omgewings aanneem. Aan die ander kant, indien hulle goeie dinge in 'n goeie omgewing geleer word, sal daar relatief minder kwaad in hulle geplant word. Elkeen se natuur kan verander word, deur die aangeleerde onwaarhede en waarhede in hulle by te voeg.

Dit is maklik om die term gewete te verstaan, indien ons eerstens die natuur van die mens verstaan, omdat gewete die standaard van beoordeling is, wat deur die natuur gemaak word. Jy aanvaar die aangeleerde kennis van waarheid en onwaarheid in jou innerlike natuur, en vorm die standaard van beoordeling. Dit is gewete. Dus, in iemand se gewete, is daar die hart van waarheid, die kwaad van iemand se natuur en eiegeregtigheid.

Met die verloop van tyd word die wêreld toenemend meer met sondes en kwaad gevul, en die mense se gewetes raak toenemend meer kwaadwillig. Hulle erf toenemend meer kwaadwillige natuur vanaf hulle ouers, en erger nog, hulle aanvaar meer onwaarhede in hulle lewens. Hierdie proses herhaal dit self, generasie na generasie. Soos wat hulle gewetes meer kwaadwillig en gevoelloos word, word dit moeiliker om die evangelie te aanvaar. Inteendeel, dit is makliker vir hulle om die werke van Satan te ontvang, en sondes te pleeg.

4. Werke van die Vlees

Wanneer 'n mens sondig, sal daar sekerlik die vergelding, ooreenkomstig die wet van die geestelike koninkryk wees. God verdra baie, in 'n poging om hom geleenthede te gee om te bely en weg te draai van sondes, maar indien hy die limiet oorskry, sal daar toetse en beproewinge, of verkeie rampe wees.

Elkeen word met 'n sondige natuur gebore, aangesien die sondige natuur van die eerste mens, Adam, oorgedra word na die kinders, deur middel van die ouers se lewensenergie. Ons kan somtyds selfs kleuters sien, wie hulle toorn en frustasie uitdruk, deur byvoorbeeld, baie te huil. Somtyds, indien ons nie 'n honger, huilende baba versorg nie, sal hy so baie huil, dat dit lyk asof hy nie in staat is om asem te haal nie. Later, weier hy om versorg te word, omdat hy so kwaad is. Selfs pasgebore babas toon hierdie soort van aksie, omdat hulle humerigheid, haat, of afguns van hulle ouers geërf het. Dit is, omdat alle mense sondige nature in hulle harte het, en dit is oorspronklike sonde.

Mense pleeg sondes gedurende hulle groeiproses. Net soos wat magnete metaal aantrek, sal hulle wie in die fisiese ruimte woon, aanhou aanneem wat nie die waarheid is nie, en sondig. Hierdie 'selfuitgevoerde' sondes kan in sondes in die hart en sondes deur aksie gekategoriseer word. Verskillende sondes se omvang verskil, en die sondes wat deur aksie gepleeg word, sal sekerlik beoordeel word (2 Korintiërs 5:10). Die sondes gepleeg deur aksie, word as 'werke van die vlees' beskou.

Vlees en Werke van die Vlees

Genesis 6:3 sê, "Toe sê die Here: 'My Gees sal nie meer so lank in die mens bly nie, want hy is sterflik. Sy lewensduur sal nou honderd en twintig jaar wees.'" Hier verwys 'vlees' nie eenvoudig net na die fisiese liggaam nie. Dit beteken die mens het 'n vleeslike wese geword, wie met sondes en die kwaad bevlek is. So 'n mens van vlees kan nie saam met God vir ewig woon nie, en dus kan hy nie gered word nie. Nie baie generasies nadat Adam uit die Tuin van Eden uitgedrywe was, en op die aarde begin woon het nie, het sy afstammelinge baie vinnig begin, om die werke van die vlees te pleeg.

God het vir Noag, wie 'n regverdige mens in daardie tyd was, opdrag gegee om 'n ark voor te berei, en die mense te waarsku om van hulle sondes weg te draai. Niemand behalwe Noag se familie wou die ark binnegaan nie. Ooreenkomstig die geestelik wet wat sê, 'Die loon van die sonde is die dood' (Romeine 6:23), is almal in Noag se tyd deur die vloed vernietig.

Nou, wat is die geestelike betekenis van 'vlees'? Dit verwys na die 'nature van onwaarheid in iemand se hart wat deur spesifieke dade openbaar word'. Met ander woorde afguns, humeurigheid, haat, gulsigheid, owerspelige gemoed, verwaandheid en alle ander innerlike onwaarhede in die mens word in die vorm van geweld, vuil taal gebruik, owerspeligheid of moord openbaar. Al hierdie aksies word as 'n geheel 'vlees' genoem, en elkeen van hierdie aksies, is werke van die vlees.

Die sondes wat nie deur aksies openbaar word nie, maar net in die gemoed en die gedagtes gepleeg word, word die 'dinge van die vlees' genoem. Die dinge van die vlees kan sommige dae voorkom as die werke van die vlees, solank as dit nie deur die hart verwerp word nie. Meer besonderhede omtrent die dinge van die vlees, sal in Deel 2 'Vorming van die Siel' bespreek word.

Wanneer die dinge van die vlees eers as die werke van die vlees openbaar word, is dit sondigheid en losbandigheid. Indien ons die sondige nature in ons harte het, word dit nie as sondigheid beskou nie, maar wanneer ons dit in aksie omskep, word dit sondigheid. Indien ons nie hierdie dinge van die vlees en werke van die vlees verwerp nie, maar aanhou om dit te pleeg, word 'n sondemuur tussen God en onsself daardeur gebou. Dan, sal

Satan ons beskuldig en toetse en beproewinge vir ons bring. Ons mag ongelukke in die gesig staar, terwyl God ons nie kan beskerm nie. Ons weet nie wat die dag van môre inhou, indien ons nie deur God beskerm word nie. Dit is die rede, waarom ons ook nie antwoorde op ons gebede kan ontvang nie.

Duidelike Werke van die Vlees

Indien kwaad algemeen in die wêreld is, is sommige van die duidelikste sondes seksuele sedeloosheid en wellustigheid. Sodom en Gomorra was vol van wellus, en is deur swael en vuur verwoes. Indien jy na die oorblyfsels van die stad Pompeii kyk, vertel dit die verhaal van hoe owerspelig, en in verval die gemeenskap was.

Galasiërs 5:19-21 beskryf duidelik werke van die vlees:

Die praktyke van die sondige natuur is algemeen bekend: onsedelikheid, onreinheid, losbandigheid, afgodsdiens, towery, vyandskap, haat, naywer, woede, rusies, verdeeldheid, skeuring, afguns, dronkenskap, uitspattigheid en al dergelike dinge. Ek waarsku julle soos ek julle al vroeër gewaarsku het: Wie hom aan sulke dinge skuldig maak, sal nie die koninkryk van God as erfenis verkry nie.

Selfs vandag nog, is sulke werke van die vlees regoor die wêreld toenemend aan die orde van die dag.

Eerstens, is dit seksuele onsedelikheid. Seksuele onsedelikheid kan fisies of geestelik van aard wees. Die fisiese begrip daarvan, verwys na owerspel of hoerery. Selfs hulle wie aan mekaar verloof is, kan nie uitsonderings wees nie. Vandag, word hoerery deur middel van romantiese verhale, flieks of strooisages as pragtige liefde uitgebeeld, waardeur die mense ongevoelig teenoor sondes en hulle besmette oordeel word. Daar is ook 'n klomp onwelvoeglike goedere wat hoerery aanmoedig.

Vir gelowiges is daar ook geestelike onsedelikheid. Wanneer hulle na 'n fortuinverteller gaan, 'n amulet of geluksteentjie het, of towery doen, dan is dit geestelike owerspel (1 Korintiërs 10:21). Indien Christene nie op God vertrou, wie lewens beheer, dood, seëninge en vloeke, maar eerder op afgode en bose geeste, dan is dit geestelike owerspel, wat dieselfde is, as om God te verraai.

Tweedens, onreinheid is om die wellus na te jaag en baie sondige dinge te doen, en wanneer iemand se lewe met woorde en dade gevul is, wat handelinge van owerspeligheid insluit. Dit is iets wat verby die normale vlak van seksuele onsedelikheid is, wat byvoorbeeld, paring met diere is, of om groepseks of homoseksualiteit te beoefen (Levitikus 18:22-30). Hoe meer algemeen sondes is, hoe meer ongevoelig, word mense teenoor owerspelige dinge.

Hierdie dinge moet vermy word en is teen God se wil (Romeine 1:26-27). Dit is sondes wat die saligheid ontneem (1

Korintiërs 6:9-10), wat afskuwelik voor God is (Deuteronomium 13:18). Om 'n geslagsveranderings-operasie te ondergaan, of vir mans om vrouensklere te dra, of vir vrouens om mansklere te dra, is alles walglik voor God (Deuteronomium 22:5).

Derdens, afgodery is ook voor God verfoeilik. Daar is fisiese en geestelike afgodery.

Fisiese afgodery is om beelde te dien of te aanbid, wat van hout, klippe of metaal gemaak is, eerder as om God die Skepper te soek (Eksodus 20:4-5). Ernstige afgodery sal vloeke meebring, wat aan die derde en vierde geslagte oorgedra sal word. Indien jy na families kyk wie afgode ernstig aanbid, sal jy sien dat die vyandige duiwel en Satan voortdurend toetse en beproewinge oor hulle bring, sodat probleme nie ophou, om in daardie families te bestaan nie. Vernaamlik, daar is baie familielede wie duiwelsbesete is, en dan geestesongesteldhede of alkolismeprobleme het. Hulle wie uit sulke families gebore word, selfs al het hulle die Here aangeneem, sal die vyandige duiwel en Satan hulle versteur, en hulle vind dit moeilik om 'n geloofslewe te lei.

Geestelike afgodery is, wanneer 'n gelowige iets anders liewer as vir God het. Indien hulle die Here se Dag ontheilig, om flieks, strooisages, sportbyeenkomste of enige ander stokperdjies te geniet, of hulle geloofspligte nalaat, as gevolg van 'n seunsvriend of 'n damesvriendin is dit ook geestelike afgodery. Anders dan hierdie, indien jy enigiets liefhet – familie, kinders, wêreldse vermaak, luukse dinge, mag, roem, gulsigheid of kennis – meer as vir God, dan is dit 'n afgod.

Vierdens, towery is die gebruik van krag verkry, vanaf die bystand of beheer van bose geeste uitsluitlik vir waarsêery.
Dit is nie reg om fortuinvertellers te besoek, en te sê dat jy in God glo nie. Selfs ongelowiges veroorsaak groter rampe, deur towery te beoefen, aangesien towery bose geeste voortbring.

Byvoorbeeld, indien jy 'n soort towery uitvoer om probleme te verjaag, sal daardie probleme vererger, eerder as om te verdwyn. Na die towery sal die bose geeste vir 'n tydjie stil word, maar spoedig sal dit groter probleme voortbring, om meer aanbidding te ontvang. Somtyds, blyk dit dat hulle van dinge vertel wat gaan gebeur, maar bose geeste ken nie die toekoms nie. Dit is net dat hulle geestelike wesens is en hulle ken die vleeslike mense se harte, dus verlei hulle die mense om te glo dat hulle die toekoms ken, sodat hulle aanbid kan word. Towenaars kan ook planne beraam om ander te verlei, en daarom moet ons ook vir dit versigtig wees. Indien jy iemand met 'n plan in 'n put laat val, is dit 'n duidelike vleeslike handeling, en 'n manier om verwoesting oor jouself te bring.

Vyfdens, vyandigheid is positief, aktief en tipiese wedersydse haat of slegte wense. Dit is om te wil hê dat ander vernietig word, en eintlik te laat gebeur. Hulle wie vyande het, haat ander met kwade gevoelens, slegs omdat hulle nie van die ander persoon hou nie. Indien daardie haat se omvang te groot word, mag dit ontplof, of omgesit word in laster en konkelry.

Sesdens, onenigheid is somtyds griewend en lei tot geweldige konflik of verdeeldheid. Dit is om verskillende groepe in 'n kerk te skep, omdat ander verskillende menings het. Hulle praat sleg van ander en gee uitspraak en veroordeel hulle. Dan, sal die kerk in baie groepe verdeeld wees.

Sewende, verdeeldheid is om in groepe te verdeel, deur hulle eie menings te volg. Selfs families breek op en daar kan verskillende verdeeldheid in die kerk ook wees. Dawid se seun, Absalom, het bedrieg en homself van sy vader afgeskei, sodat hy sy eie begeertes kon navolg. Hy het teen sy vader gerebelleer om koning te word. So 'n persoon word deur God verlaat. Absalom het uiteindelik 'n aaklige dood gesterf.

Agtste, is faksies. Wanneer faksies ontwikkel, kan dit in dwaalleer verander. 2 Petrus 2:1 sê, "Maar daar was ook vals profete onder die volk, en so sal daar ook onder julle vals leraars kom. Hulle sal verderflike dwaalleer insmokkel en die Here wat hulle vrygekoop het, verloën. So sal hulle hulleself baie gou in die verderf stort." Dwaalleer is om Jesus Christus te verloën (1 Johannes 2:22-23; 4:2-3). Hulle sê dat hulle in God glo, maar dan verloën hulle God die Drie-eenheid, of Jesus Christus wie ons met Sy bloed vrygekoop het, en daardeur bring hulle gou selfvernietiging oor hulleself. Die Bybel vertel ons duidelik dat dwaalleraars diegene is wie Jesus Christus verloën, en dus moet ons nie roekeloos hulle oordeel wie God die Drie-eenheid en Jesus Christus aanneem nie.

Negende, afgunstigheid is wanneer jaloesie tot 'n ernstige handeling ontwikkel. Afguns is om ongemaklik te voel, en jouself te distansieer en ander te haat, wanneer dit blyk dat ander beter as jy is. Indien hierdie afguns ontwikkel, kan daar baie skadelike handelinge teenoor ander wees. Saul was jaloers op Dawid, omdat die mense vir Dawid meer liefgehad het as vir hom. Hy het selfs sy leër gebruik om Dawid te vermoor, en die priesters en die mense van die stad vernietig, wie vir Dawid weggesteek het.

Tiende is dronkenskap. Noag het 'n fout begaan, om na die vloed wyn te drink, en dit het 'n geweldige gevolg gehad. Hy het sy tweede oudste seun, Ham, vervloek omdat dié seun sy fout openbaar het.

Efesiërs 5:18 sê, "Moet julle nie aan drank te buite gaan nie, daarmee gaan losbandigheid gepaard. Nee, laat die Gees julle vervul." Sommiges sê, dalk is een glas in orde. Dit is steeds 'n sonde, of dit een of twee glase is, jy drink die alkohol om dronk te word. Verder, hulle wie dronk word, pleeg baie sondes, omdat hulle nie in staat is om hulleself te beheer nie.

Die Bybel meld die drink van wyn, omdat in Israel is water baie skaars. Daarom het God hulle toegelaat om wyn in plaas van water te drink, wat suiwer sap van die wingerdstokke is, of sterk drank wat van vrugte wat meer suiker bevat, gemaak was (Deuteronomium 14:26). Inderwaarheid het God die mense nie toestemming gegee, om alkohol te drink nie (Levitikus 10:9; Numeri 6:3; Spreuke 23:31; Jeremia 35:6; Daniël 1:8; Lukas 1:15; Romeine 14:21). God het slegs beperkte gebruik van wyn in baie spesiale gevalle toegelaat. Vir hierdie rede, het die mense van Israel wyn in plaas van water gedrink, nie om dronk te word en hulle self te geniet nie.

Laastens, om te drink is om alkohol, vrouens, dobbel en ander wellustige dinge sonder selfbeheersing, te geniet. Sulke mense kan nie hulle pligte as menslike wesens uitvoer nie. Indien jy sonder selfbeheersing is, is dit ook 'n soort van misbruik. Indien jy 'n buitensporige sedelose lewe lei, of 'n lewe van verkwisting, is dit ook misbruik. Indien jy so 'n lewe lei, selfs nadat jy die Here aangeneem het, kan jy nie jou hart aan God gee, of sondes verwerp nie, en dus kan jy nie die koninkryk van God erf nie.

Betekenis van Om Nie die Koninkryk van God te Erf nie

Tot dusver het ons na die duidelike werke van die vlees gekyk. Wat, dan, is die fundamentele rede waarom mense sulke werke van die vlees uitvoer? Dit is omdat hulle nie vir god die Skepper in hulle hart wil toelaat nie. Dit is in Romeine 1:28-32 beskrywe: "En omdat hulle dit van geen belang ag om God te ken nie, gee Hy hulle oor aan hulle verdraaide opvattings, sodat hulle doen wat onbetaamlik is. Hulle is een en al ongeregtigheid, slegtheid, hebsug en gemeenheid; hulle is vol jaloesie, moord, twis, bedrog en kwaadwilligheid. Hulle skinder en praat kwaad; hulle haat God, hulle is hooghartig, aanmatigend, verwaand; hulle is mense wat kwaad uitdink, ongehoorsaam aan hulle ouers; hulle is onverstandig, onbetroubaar, liefdeloos, hardvogtig. Hulle is mense wat die verordening van God ken dat dié wat sulke dinge doen, die dood verdien, en tog doen hulle nie net self hierdie dinge nie, maar hulle vind dit ook goed as ander dit doen."

Dit sê basies dat jy nie die koninkryk van God sal erf, indien jy duidelike werke van die vlees beoefen nie. Natuurlik, is dit nie dat jy nie gered kan word, omdat jy 'n paar keer gesondig het, as gevolg van jou swak geloof nie.

Dit is nie waar dat nuwe gelowiges, wie nie die waarheid so goed ken, of hulle met swak geloof nie die saligheid sal ontvang, net omdat hulle nog nie die werke van die vlees reeds verwerp het nie. Alle mense het onregverdighede, totdat hulle geloof volgroei het, en hulle kan van hulle sondes vergewe word, deur op die bloed van die Here te vertrou. Indien hulle egter aanhou om die werke van die vlees uit te voer, sonder om daarvan weg te draai, kan hulle nie die saligheid ontvang nie.

Sondes Lei tot die Dood

1 Johannes 5:16-17 sê, "As iemand sy broer sonde sien doen wat nie tot die dood lei nie, moet hy bid en God sal die broer die

ewige lewe gee. Dit geld dié wat sonde doen wat nie tot die dood lei nie. Daar is sonde wat tot die dood lei; daarvoor sê ek nie dat hy moet bid nie. Alle ongeregtighede is sonde, maar daar is sonde wat nie tot die dood lei nie." Soos geskrywe, kan ons sien dat daar sondes is wat tot die dood lei, en ook sondes wat nie tot die dood lei nie.

Nou, wat is die sondes wat tot die dood lei, en ons van die reg ontneem, om die koninkryk van God te erf?

Hebreërs 10:26-27 sê, "Wanneer ons opsetlik bly sondig nadat ons die kennis van die waarheid ontvang het, is daar geen offer meer wat ons sondes kan wegneem nie. Daar bly alleen 'n verskriklike verwagting oor van oordeel en 'n gloeiende vuur wat die teestanders van God sal verteer." Indien ons aanhou om te sondig, wetende dat dit sondes is, is om God te verag. God gee nie die gees van berou aan sulke mense nie.

Hebreërs 6:4-6 sê ook, "Wanneer mense een keer deur God verlig is, die hemelse gawe ontvang en deel gekry het aan die Heilige Gees, die goeie woord van God leer ken het en die kragte van die toekomstige wêreld ondervind het en dan nogtans afvallig geword het, is dit onmoontlik om hulle weer tot bekering te bring. In hulleself kruisig hulle immers weer die Seun van God en maak hulle Hom in die openbaar tot 'n bespotting." Indien jy teen God staan, nadat jy na die waarheid geluister het en die werke van die Heilige Gees ervaar het, sal die gees van berou nie gegee word nie, en dus sal jy nie gered word nie.

Indien jy die werke van die Heilige Gees veroordeel, as die werke van die duiwel of dwaalleer, kan jy ook nie gered word nie, omdat dit dieselfde is as om teen die Heilige te laster of op te staan (Matteus 12:31-32).

Ons moet verstaan dat daar sondes is wat nie vergewe kan word nie, en dus moet ons nooit sulke sondes doen nie. Ook, selfs beuselagtige sondes, kan in doodssondes ontwikkel, indien dit opgehoop word. Daarom, moet ons elke oomblik in die waarheid lewe.

5. Ontwikkeling

Menslike ontwikkeling verwys na al die prosesse in God se skepping van menslike wesens op hierdie aarde, asook die bestuur van die menslike geskiedenis tot die Oordeel, om sodoende ware kinders te verkry.

Ontwikkeling is die landbouer se proses, om saad te saai, en deur middel van sy harde werk, 'n oes te verkry. God het ook eers die saad, genaamd Adam en Eva op die aarde gesaai, om sodoende ware kinders deur harde werk op die aarde voort te bring. Tot vandag toe het Hy die ontwikkeling van die menslike wesens bestuur. God het vooraf geweet dat die mense korrup en ongehoorsaam sou wees, en dat Hy daardeur gegrief sou word. Hy ontwikkel die mensdom tot aan die einde, omdat Hy weet dat daar ware kinders sal wees, wie die kwaad verwerp het deur

God se liefde, en wie God se hart aangeneem het.

Die mensdom is uit stof van die grond geskep, dus het hulle die nature wat kenmerkend van die aarde is. Indien jy die saad in die grond saai, sal die saad ontkiem, groei en vrugte dra. Ons kan sien dat grond die krag het, om nuwe lewe te produseer. Afhangend van wat ons byvoeg, sal die kenmerke van die grond ook verander. Dit is dieselfde met mense. Hulle wie dikwels kwaad word, sal van nature meer kwaad ervaar. Hulle wie dikwels leuens vertel, sal in hulle meer valsheid hê. Nadat Adam gesondig het, het hy en sy afstammelinge mense van vlees geword, en toenemend baie vinnig deur die onwaarheid bevlek geword.

Vir hierdie rede moet die mense hulle harte bearbei, en 'n hart van gees deur 'menslike ontwikkeling' herwin. Agter alles, die rede waarom mense op hierdie aarde ontwikkel word, is sodat hulle hul harte kan bearbei en 'n suiwer hart kan herwin, soos wat Adam eers gehad het, voordat hy tot 'n val gekom het. God het vir ons die gelykenisse gegee, wat verband hou met die ontwikkeling in die Bybel, sodat ons Sy voorsienigheid van die menslike ontwikkeling kan verstaan (Matteus 13; Markus 4; Lukas 8).

In Matteus 13, het Jesus die harte van die mense, vergelyk met die kant van die pad, klipbanke, grond met onkruid en goeie grond. Ons moet oplet watter soort grond ons het, en dit omploeg tot goeie grond soos wat God verlang.

Vier Soorte Hartgrond

Eerstens, die kant van die pad is die verharde land waarop mense vir 'n lang periode geloop het. Inteendeel dit is nie eers 'n land nie, en geen saad sal daar groei nie. Daar is geen teken van lewe nie.

Die kant van die pad in 'n geestelike sin, verwys na die hart van hulle, wie geensins die evangelie aanvaar nie. Hulle hart is so verhard deur hulle ego en hoogmoed, dat die saad van die evangelie nie gesaai sal word nie. Gedurende Jesus se tyd was die Joodse leiers so hardkoppig, oor hulle eie menings en tradisies, dat hulle vir Jesus en die evangelie verwerp het. Vandag, is hulle wie 'n hart soos die kant van die pad het, so hardkoppig dat hulle nie eers van plan verander, indien hulle die krag van God gewys word nie.

Die kant van die pad is baie hard, dus kan die saad nie die grond binnedring nie. So, die voëls kom en eet die saad. Hier, verwys die voëls na Satan. Satan verwyder die Woord van God, sodat die mense geen geloofsgroei kan verkry nie. Hulle kom kerk toe, op die sterk aandrang van die mense, maar hulle wil nie die evangelieverkondiging van God se Woord glo nie. Hulle sal eerder 'n oordeel vel oor die prediker se boodskap, gegrond op hulle eie sienings. Hulle wie se harte verhard is, en nie hulle gemoed verander nie, kan uiteindelik nie die saligheid ontvang nie, omdat die saad van die Woord nie enige vrugte kan dra nie.

Tweedens, die klipperige grond is effens beter, as die kant van die pad. 'n Man, soos die kant van die pad het geen voorneme om die Woord van God te aanvaar nie, maar een met 'n klipperige stuk grond verstaan Sy Woord wat hy hoor. Indien jy saad saai op 'n klipperige stuk grond, sal die saad hier en daar opskiet, maar dit kan nie behoorlik groei nie. Markus 4:5-6 sê, "'n Ander deel daarvan het op 'n klipbank geval, waar daar nie baie grond was nie. Dit het gou opgekom, omdat die grond nie diep was nie. Maar toe die son warm word, is dit verskroei, en omdat dit nie wortel geskiet het nie, het dit verdroog."

Hulle, wie die hart van 'n klipperige stuk grond het, verstaan die Woord van God, maar kan dit nie met geloof aanvaar nie. Markus 4:17 sê, "Hulle laat dit egter nie in hulle wortel skiet nie en hou nie lank uit nie. As hulle daarna ter wille van die woord verdruk of vervolg word, word hulle gou afvallig." Hier, verwys 'woord' na die Woord van God wat vir ons dinge vertel soos, "Heilig die Sabbat, gee volle tiendes, moenie afgode aanbid nie, dien ander en wees self nederig." Wanneer hulle na die Woord van God luister, dink hulle dat hulle God se Woord sal gehoorsaam, maar hulle kan nie hulle vasberadenheid nakom, wanneer hulle beproewinge deurmaak nie. Hulle is verheug wanneer hulle God se genade ontvang, maar in moeilike tye verander hulle houding spoedig. Hulle het Sy Woord gehoor en ken dit, maar hulle het nie die krag om dit te beoefen nie, omdat Sy Woord nie in hulle harte as ware geloof ontwikkel het nie.

Derdens, hulle wie die hart van 'n onkruidagtige stuk grond het, verstaan die Woord van God, en begin dit te beoefen. Maar hulle kan nie die Woord van God volkome beoefen nie, en daar is geen pragtige vrugte nie. Markus 4:19 sê, "...maar die sorge van die lewe en die verleiding van rykdom en die begeertes na allerhande ander dinge kom op en verstik die woord, en dit bly sonder vrug."

Hulle, wie sulke harts-gronde het, blyk goeie gelowiges te wees wie die Woord van God beoefen, maar hulle het steeds toetse en beproewinge om te slaag, terwyl hulle geestelike groei stadig is. Dit is omdat hulle nie die eintlike werk van God ervaar nie, deurdat hulle deur die sorge van die wêreld mislei word, asook die listigheid van die rykes en die begeertes na ander dinge. Byvoorbeeld, veronderstel hulle besigheid gaan bankrot, en hulle moet selfs tronk toe gaan. Hier, indien die situasie hulle toelaat om die skuld met net 'n klein bietjie hulp terug te betaal, en Satan versoek hulle hierin, sal hulle sekerlik in versoeking gebring word. God kan hulle slegs help, wanneer hulle die regverdige pad loop, ongeag hoe moeilik dit is, maar hulle onderwerp hulle aan Satan se versoeking.

Selfs al het hulle die bereidwilligheid om die Woord van God te gehoorsaam, kan hulle dit nie met geloof gehoorsaam nie, omdat hulle menings met menslike gedagtes gevul is. Hulle bid dat hulle alles in God se hande laat, maar hulle gebruik eerstens egter hulle eie ervarings en boekwyshede. Hulle plaas hulle planne eerste, dus verloop dinge nie volgens plan nie, alhoewel dit aan die begin selfs goed lyk. Jakobus 1:8 sê hierdie mense is besluiteloos.

Wanneer daar slegs uitloopsels van die dorings is, blyk daar geen spesifieke skade te wees nie. Maar sodra dit opgroei, sal die situasie volkome verskillend wees. Dit sal 'n bos vorm, en ander goeie saad verhinder om op te groei. Daarom, indien daar enige elemente is wat ons verhinder om God se Woord te gehoorsaam, moet ons dit dadelik verwyder, selfs al blyk dit onbeduidend te wees.

Vierdens, die goeie grond is 'n land wat vrugbaar is, en deur die landbouer goed geploeg is. Die verharde land is geploeg, en die klippe en onkruid is verwyder. Dit beteken dat jy die dinge afskaf wat God ons verbied om te doen, en die dinge verwerp, wat God ons sê om te verwerp. Daar is geen klippe of ander struikelblokke, en dus wanneer God se Woord daarop val, en vrugte voortbring, 30, 60, of 100 voudig teenoor wat gesaai was. Sulke mense sal antwoorde op hulle gebede ontvang.

Sodat ons kan kontroleer hoe goed ons die hart van goeie grond ontwikkel het, kan ons sien hoe goed ons die Woord van God kan beoefen. Hoe meer goeie grond jy ontwikkel het, hoe makliker is dit om volgens God se Woord te lewe. Sommige mense ken Sy Woord, maar hulle kan dit nie beoefen nie, as gevolg van moegheid, luiheid, oneerlike gedagtes en begeertes. Hulle wie 'n hart soos goeie grond het, het nie sulke hindernisse nie, dus verstaan en beoefen hulle God se Woord sodra hulle dit gehoor het. Sodra hulle besef dat iets God se wil is, doen hulle dit net en Hy word verheerlik.

Soos wat jy jou hart bearbei, begin jy van hulle wie jy voorheen gehaat het, te hou. Jy kan dan selfs hulle vergewe wie jy voorheen nie kon vergewe nie. Afguns en oordeel sal in liefde en genade verander. Hooghartige gevoelens sal in nederigheid en diensbaarheid verander. Deur sondes op hierdie wyse te verwerp, om jou hart te reinig, is om jou hart tot goeie grond te bearbei. Dan, as die saad van God se Woord op die hart met die goeie grond val, sal dit uitloop en vinnig groei om oorvloediglik die nege vrugte van die Heilige Gees en die Lig te dra.

Soos wat jy jou hart in goeie grond verander, kan jy geestelike geloof van bo ontvang. Jy kan ook ywerig bid, om God se krag van bo na onder te bring, om die stem van die Heilige Gees duidelik te kan hoor, en om God se wil te vervul. Sulke mense is die soort vrugte wat God na verlang, om deur die menslike ontwikkeling in te samel.

Die Karakter van 'n Voorwerp: Grond van die Hart

Een belangrike element van ons hart se ontwikkeling, is die voorwerp se karakter. Die voorwerp se karakter is verwant aan die voorwerp se materiaal. Dit toon vir ons hoe ons na God se Woord luister, dit in gedagte hou, en beoefen. Die Bybel gee 'n vergelyking, tussen goud, silwer en klei, ten opsigte van 'n voorwerp (2 Timoteus 2:20-21).

Hulle luister almal na dieselfde Woord van God, maar hulle hoor dit op verskillende maniere. Sommiges aanvaar dit met 'Amen' terwyl ander dit net laat verbygaan, omdat hulle nie daarmee saamstem nie. Sommiges luister ernstig daarna, en probeer om dit te beoefen, terwyl ander deur die boodskap geseënd voel, maar dit spoedig weer vergeet.

Hierdie verskille spruit voort, uit die verskille van die voorwerp se karakter. Indien jy op die Woord van God wat jy hoor, fokus, sal dit verskillend wees van wat in jou hart gesaai word, wanneer jy Sy Woord hoor, met lomerigheid en sonder fokus. Selfs al luister jy na dieselfde boodskap, sal die resultaat baie verskillend wees, deur dit in jou hart te bewaar, of dit net terloops te hoor.

Handelinge 17:11 sê, "Die mense daar was ontvankliker as dié in Tessalonika. Hulle het met groot belangstelling na die woord geluister en elke dag die Skrif ondersoek om te sien of dit is soos Paulus sê." Hebreërs 2:1 vertel ons, "Om hierdie rede moet ons soveel kragtiger vasgryp aan wat ons gehoor het, sodat ons nie dalk wegdrywe nie."

Indien jy ywerig na God se Woord luister, dit bewaar en beoefen soos dit is, kan ons sê dat jy 'n goeie voorwerp van karakter is. Hulle wie 'n goeie voorwerp van karakter is, is gehoorsaam teenoor die Woord van God, dus kan hulle vinnig hulle hart in goeie grond bearbei. Dan, nadat hulle 'n hart van goeie grond bekom het, sal hulle die Woord van God op 'n natuurlike wyse diep in hulle harte bewaar, en dit beoefen.

'n Goeie voorwerp van karakter help om goeie grond te ontwikkel, en die goeie grond help om 'n voorwerp se karakter te ontwikkel. Soos in Lukas 2:19 gesê, "Maria het alles wat gesê is, onthou en telkens weer by haarself daaroor nagedink," die Maagd Maria het 'n goeie hart gehad, om die Woord van God te onthou, en sy het die seëning ontvang, om met Jesus deur die Heilige Gees swanger te raak.

1 Korintiërs 3:9 sê, "Ons is medewerkers in diens van God, en julle is die saailand van God. Julle is ook die gebou van God." Ons is 'n saailand wat God ontwikkel. Ons kan 'n rein en goeie hart, soos goeie grond en 'n goeie voorwerp hê, soos 'n goue voorwerp, en deur God vir edel doeleindes gebruik word, indien ons na die Woord van God luister, dit onthou en dit beoefen.

Karakter van Hart: Grootte van die Voorwerp

Daar is 'n ander konsep wat verband hou met die voorwerp se karakter. Dit is omtrent hoe uitgebreid iemand sy hart vergroot en dit gebruik. Die voorwerp se karakter gaan oor die materiaal van die voorwerp, terwyl die hart se karakter oor die grootte van die voorwerp gaan. Dit kan in vier kategorië verdeel word.

Die eerste kategorie is hulle wie meer doen as wat hulle veronderstel is om te doen. Dit is die beste hartskarakter. Byvoorbeeld, die ouers vra hulle kinders om die vuilgoed vanaf die vloer op te tel. Dan tel die kinders nie alleenlik die vuilgoed op nie, maar maak ook die kamer skoon. Hulle het hulle ouers se verwagtinge oortref, en vir die ouers groot vreugde verskaf. Stefanus en Philippus was net diakens, maar hulle was soos die apostels gelowig en heilig. Hulle was 'n genot in God se oë, en het groot krag, tekens en wonderwerke uitgevoer.

Die tweede kategorie is hulle, wie net doen wat hulle veronderstel is om te doen. Sulke persone sal hulle eie verantwoordelikheid neem, maar hulle gee nie om vir ander of hulle omgewing nie. Indien die ouers hulle vra om die vuilgoed op te tel, tel hulle die vuilgoed op. Hulle kan aan hulle gehoorsaamheid herken word, maar vir God word hulle nie 'n groter vreugde nie. Sommige gelowiges in die kerk val ook in hierdie kategorie; hulle vervul net hulle pligte, maar gee nie om oor ander dinge nie. Sulke persone kan nie regtig groot vreugde in God se oë wees nie.

Die derde kategorie is hulle, wie doen wat hulle moet doen, met 'n pligsgevoel. Hulle vervul nie die pligte met vreugde en dankbaarheid nie, maar met klagtes en 'n gebrom. Sulke persone is negatief in alles, en hulle is inhalig om hulleself te offer, om ander te help. Indien sekere pligte aan hulle toegedeel word, kan hulle dit goed uitvoer met 'n pligsgevoel, maar hulle is geneig om vir ander die wêreld baie moeilik te maak. Hy is verheug wanneer ons, ons pligte met wilskrag en liefde vir God uitvoer, eerder as om gedwonge te voel, of om dit met 'n pligsgevoel te doen.

Die vierde kategorie is hulle wie kwaad doen. Sulke mense het geen gevoel of verantwoordelikheid teenoor pligte nie. Nog minder neem hulle ander in ag. Hulle volstaan met hulle eie gedagtes en sieninge, en maak ander se lewens moeilik. Indien sulke persone pastore of leiers is wie moet omsien na kerklidmate, kan hulle dit nie met liefde doen nie, en verloor die siele of laat hulle struikel. Hulle sal altyd die blaam vir ander gee, vir hulle ongunstige resultate, en uiteindelik hulle pligte staak. Daarom, is dit beter dat daar vanaf die begin, geen pligte aan hulle gegee word nie.

Nou, laat ons kontroleer, watter soort karakter ons hart het. Selfs indien ons hart nie groot genoeg is nie, kan ons dit in 'n groter hart verander. Om dit te bewerkstellig, moet ons basies ons hart heilig maak, en ons voorwerp moet goeie karakter hê. Ons kan nie net 'n goeie karakter van hart hê, terwyl ons voorwerp 'n swak karakter het nie. Dit is ook 'n manier om 'n goeie karakter van die hart te ontwikkel, indien ons onsself met toewyding en hartstog, tydens elke werksaamheid offer.

Hulle wie 'n goeie karakter van die hart het, kan groot dinge voor God doen, en vir Hom grootliks glorie gee. Dit was so in Josef se geval. Josef was in Egipte deur sy broers verkoop, en het

Potifar, 'n kaptein van Farao se lyfwagte, se slaaf geword. Maar hy het nie oor sy lewe getreur, omdat hy as 'n slaaf verkoop was nie. Hy het sy pligte so getrou uitgevoer, dat hy deur sy meester vertrou was, en in beheer van die sake van die huishouding geplaas was. Later was hy verkeerdelik beskuldig en in die tronk gegooi, maar hy was steeds nog net so gelowig, en het uiteindelik die eerste minister van die hele Egipte geword. Hy het die land gered, asook sy familie van die ernstige droogte, en het die stigting van die land Israel gevorm.

Indien hy nie 'n goeie karakter van hart gehad het nie, sou hy slegs gedoen het wat sy meester hom beveel het. Hy sou geëindig het as 'n slaaf in Egipte of 'n lewe in die tronk. Maar Josef was deur God gebruik, grootliks omdat hy sy beste in die oë van God, onder alle omstandighede gedoen het, en groothartig opgetree het.

Koring of Kaf?

God het die menslike wesens vir 'n baie lang tydperk in hierdie fisiese ruimte ontwikkel, na Adam se val. Wanneer die tyd reg is, sal Hy die koring van die kaf skei, en die koring die koninkryk van die hemel inneem, en die kaf na die hel toe. Matteus 3:12 sê, "Hy het sy skop in sy hand en Hy sal sy dorsvloer deur en deur skoonmaak. Sy koring sal Hy na die skuur toe bring, maar die kaf sal Hy met 'n onblusbare vuur verbrand."

Hier, verwys die koring na hulle wie vir God liefhet en Sy Woord beoefen en in die waarheid lewe. Aan die ander kant, hulle wie nie volgens God se Woord lewe nie, maar in sonde en nie volgens die waarheid nie, en hulle wie nie vir Jesus Christus aangeneem het nie, en werke van die vlees uitvoer, behoort aan die kaf.

God wil hê dat almal koring moet word, en die saligheid ontvang (1 Timoteus 2:4). Dit is net soos landbouers wat van alle saad wat hy gesaai het, wil oes. Maar met oestyd is daar altyd die kaf, en eweeens nie almal in die menslike ontwikkeling sal koring wees, en gered kan word nie.

Indien ons nie hierdie punt in die menslike ontwikkeling besef nie, kan iemand maklik die volgende vraag vra, "Dit word gesê dat God liefde is, dus waarom sal Hy sommiges red en ander op die pad van selfvernietiging laat gaan?" Maar individuele saligheid, word nie deur God volgens Sy diskresie bepaal nie. Dit hang van elke persoon se eie vrywilligheid af. Elkeen wie in die fisiese ruimte lewe, moet 'n keuse uitoefen, die Hemel of die Hel.

Jesus sê in Matteus 7:21, "Nie elkeen wat vir My sê: 'Here, Here,' sal in die koninkryk van die hemel ingaan nie, maar net hy wat die wil doen van My Vader wat in die hemel is" en in Matteus 13:49-50, "So sal dit by die voleinding van die wêreld wees. Die engele sal uitgaan en die slegtes skei van die goeies en hulle in die brandende oond gooi. Daar sal hulle huil en op hulle tande kners."

Hier, verwys 'die regverdiges' na die gelowiges. Dit beteken dat God die kaf van die koring sal skei, tussen die gelowiges. Selfs hulle wie Jesus Christus aangeneem het en kerkdienste bywoon, is steeds sondig indien hulle nie God se wil volg nie. Hulle is slegs die kaf wat in die Hel se vuur gegooi moet word.

God leer ons deur die Bybel omtrent die hart van God die Skepper, die voorsiening van die menslike ontwikkeling, en die ware doel van die lewe. Hy wil hê dat ons 'n goeie karakter van voorwerp, en goeie karakter van hart ontwikkel en daardeur as ware kinders van God na vore kom—die koring in die koninkryk van die hemel. Maar hoe baie mense agtervolg eerder, betekenislose dinge in hierdie wêreld wat gevul is met sondes en wetteloosheid? Dit is omdat hulle siel hulle beheer.

Gees, Siel, en Liggaam: Volume 1

Deel 2

Vorming van die Siel
(Werking van die Siel in die Fisiese Ruimte)

Waar kom die mens se gedagtes vandaan?
Is My Siel Voorspoedig?

"Daarmee vernietig ons die redenasies
en elke hooghartige aanval wat
teen die kennis van God gerig is.
Ons neem elke gedagte gevangene
om dit aan Christus gehoorsaam te maak.
Ons is ook gereed om met elke ongehoorsaamheid af te reken
Sodra julle eie gehoorsaamheid volkome is."
(2 Korintiërs 10:5-6)

Hoofstuk 1
Vorming van die Siel

Vanaf die tyd wat die mens se gees gesterf het, het sy siel die plek oorgeneem as meester van die mens terwyl hy in die fisiese ruimte lewe. Die siel het onder die invloed van Satan gekom, en die mens se siel het begin om verskeie werkinge te hê.

1. Definisie van die Siel

2. Verskeie Werkinge van die Siel in die Fisiese Ruimte

3. Duisternis

Ons sien die wonderwerke van God se skepping, wanneer ons sulke skepsels soos vlermuise sien wat hulle prooi met 'n klanknabootsing-sisteem vang; wanneer ons salms en verskillende voëls duisende kilometers sien beweeg om na hulle oorspronklike broeiplekke terug te keer, en houtkapper-voëls wat die hout ongeveer een duisend keer per minuut, op dieselfde plek pik.

Die mens is geskep, om al hierdie dinge te beheer. Die uiterlike fisiese voorkoms van die mens, vertoon nie so sterk leeus of tiere nie. Hulle gehoor of reukvermoë is nie so skerp soos honde nie. Nietemin, word hulle die heerser van alle skepsele genoem.

Dit is omdat hulle 'n siel, redelike krag met 'n brein het, wat op 'n hoër vlak funksioneer. Mense het verstand en hulle kan die wetenskap en die beskawing ontwikkel, om oor alles te regeer. Dit is die denkgedeelte van die mens wat aan die 'siel' verwant is.

1. Definisie van die Siel

Die geheuestelsel in die brein, die kennis wat die geheue bevat en die gedagtes wat gevorm word, deur die herwinning van die kennis, word alles tesame die 'siel' genoem.

Die rede waarom ons duidelik die verwantskap tussen die gees, siel en liggaam moet verstaan, is sodat ons die werkinge van die siel behoorlik kan verstaan. Deur dit te doen, kan ons die soort werking van die siel, soos deur God verlang, herwin. Om te verhoed dat Satan ons deur ons siele beheer, moet ons geeste ons meester wees en oor ons siele regeer.

Die Merriam-Webster's Woordeboek definieer 'siel' as 'die geestelike wese, besielende hoof, of beweegende oorsaak of 'n individuele lewe; die geestelike hoof ingesluit in die menslike wesens, alle verstandelike begaafde wesens, of die heelal'. Die Bybelse betekenis van die siel verskil hiervan.

God het 'n geheuestelsel in die menslike brein gesit. Die brein het die funksie, om dinge te onthou. Op hierdie manier kan mense kennis in die geheuestelsel insit of daaruit herwin. Wanneer die inhoud vanuit die geheuestelsel herwin word, word dit 'n 'gedagte' genoem. Naamlik, gedagte is die herwinning en onthou van dinge wat in die geheue gestoor was. Die geheuestelsel, die kennis wat dit bevat en die herwinning van die kennis as 'n geheel gesien, word na as die 'siel' verwys.

Die siel van die mens kan vergelyk word met die stoor van gegewens, soek daarvan, en gebruik daarvan in 'n rekenaar. Mense het 'n siel dus kan hulle onthou en dink, en daarom is die siel en die hart vir die mense belangrik.

Ooreenkomstig hoeveel gegewens iemand gesien, gehoor, gestoor het, en hoe goed hy kan onthou en sulke gegewens kan gebruik, vorm sy breinkrag en verstand, wat van persoon tot persoon verskil. Die Intellgensiekwosiënt (IK) word grotendeels deur erfenis bepaal, maar dit kan ook deur aangeleerde beginsels soos, studies en ervarings verander word. Alhoewel twee persone met dieselfde IK-vlakke gebore word, kan hulle IK's verskillend word, ooreenkomstig hoe hard hulle probeer.

Die Belangrikheid van die Werking van die Siel

Die werking van die siel is verskillend, ooreenkomstig tot watter soort inhoud ons in die geheuestelsel plaas. Mense sien, hoor en voel dinge en onthou baie van daardie dinge elke dag. Later onthou hulle daardie dinge om die toekoms te beplan, of vir 'n rede en onderskeid tussen reg en verkeerd.

Die liggaam is soos 'n voorwerp wat die gees en siel bevat. Die siel speel 'n belangrike rol in die vorming van iemand se karakter, persoonlikheid, en standaarde van oordeel deur die funksionering van 'denke'. 'n Persoon se sukses of mislukking hang grootliks af, van iemand se siel se verrigtinge.

Hierdie is 'n gebeurtenis wat in 'n klein dorpie, Kodamuri, 110km suidwes van Kolkata, Indië, in 1920 plaasgevind het. Pastoor Singh en sy vrou was sendelinge daar, en hulle het by die plaaslike inwoners gehoor van monsters wat soos menslike wesens is, en saam met wolwe in die grotte woon. Nadat Pastoor Singh die monsters gevang het, is vasgestel dat hulle twee menslike meisies is.

Ooreenkomstig die dagboek wat Pastoor Singh gehou het, was slegs die meisies se voorkoms menslik, Hulle gedrag was egter soos die van die wolwe. Een van hulle het spoedig gesterf. Die ander een met die naam Gamara, het vir nege jaar by die Singhs gewoon, en het weens 'n vorm van bloed vergiftiging gesterf.

Gedurende die dag het Gamara na 'n muur in 'n donker vertrek gestaar, sonder om te beweeg, totdat sy ingesluimer het. Maar in die nag het sy rondom die huis gekruip en tjankgeluide gemaak en soos regte wolwe op 'n afstand, geklink. Sy het die kos opgelek, sonder om haar hande te gebruik. Sy het met vier 'kloue' gehardloop, met haar hande, net soos wat wolwe doen. Indien sommige kinders haar sou nader, het sy haar tande gewys, en knorrend die plek verlaat.

Die Singhs het probeer om van hierdie wolfmeisie 'n ware menslike wese te maak, maar dit was nie maklik nie. Eers na drie jaar het sy begin om met haar hande te eet, en na vyf jaar het sy begin gesigsuitdrukkings van hartseer of blydskap te maak. Die emosies wat Gamara kon toon, teen die tyd wat sy dood is, was baie basies, wat gelykstaande is aan honde wanneer hulle hul sterte swaai, om te wys dat hulle bly is om hulle eienaars te sien.

Hierdie verhaal vertel ons dat die mens se siel het 'n direkte invloed daarop, om menslike wesens menslik te maak. Gamara het opgegroei en die wolwe se gedragspatrone gesien. Aangesien sy nie die menslike wesens se nodige kennis kon insit nie, kon haar siel nie ontwikkel nie. Sy kon dit nie verhelp om soos 'n wolf op te tree nie, want sy was deur wolwe grootgemaak.

Die verskil tussen Mense en Diere

Mense bestaan uit gees, siel en liggaam. Die belangrikste hiervan is die gees. Mense se gees word deur God, wie self gees is, gegee en dit is onuitblusbaar. Die liggaam sterf en keer terug tot 'n handvol stof, maar die gees en die siel bly oor, en gaan of Hemel of Hel toe.

Toe God die diere gemaak het, het Hy nie die asem van die lewe soos met menslike wesens, in hulle geblaas nie, dus bestaan diere net uit liggaam en siel. Diere het ook 'n geheuestelsel in die brein. Hulle kan onthou wat hulle gedurende hulle lewens gesien het. Maar omdat hulle nie 'n gees het nie, het hulle ook nie 'n geestellike hart nie. Wat hulle sien en hoor, word slegs in hulle geheuestoor van die breinselle gehou.

Prediker 3:21 sê, "Wie weet of die asem van die mens opstyg boontoe en of die asem van die dier afgaan onder toe?" Hierdie vers sê 'asem van die mens.' Die woord 'asem', wat die siel van die mens verteenwoordig, word gebruik omdat, in die Ou Testamentiese tyd voordat Jesus na die aarde gekom het, was daardie gees wat in die mense oorgebly het, 'dood'. Daarom, ongeag of hulle gered was of nie, wanneer hulle sterf word dit gesê, dat hulle 'asem' of 'siel' hulle verlaat het. Die siel van die mens 'wat opwaarts gaan' beteken dat hulle siel nie verdwyn nie, maar gaan of Hemel of Hel toe. Aan die ander kant, die siel van die diere gaan afwaarts na die aarde, wat beteken dat dit uitgeblus woord. Hulle breinselle gaan dood wanneer die diere doodgaan, en die breininhoud hou ook op om te bestaan. Hulle het verder geen werking van die siel meer nie. In sommige mites of storie, neem swart katte of slange wraak teenoor mense, maar sulke stories moet nie as die waarheid beskou word nie.

Diere het 'n beperkte werking van die siel, wat nodig is vir hulle oorlewing. Dit is die gevolg van instink. Hulle het instinktiewelike vrees vir die dood. Hulle mag weerstandig raak of vrees toon wanneer hulle bedreig voel, maar hulle kan nie wraak neem nie. Diere het nie 'n gees nie, daarom kan hulle nie na God soek nie. Sal visse aan maniere dink om God te ontmoet, terwyl hulle swem? Die mens, egter, het 'n volkome verskillende dimensie van sielswerking, wat baie meer gekompliseerd is, as die van die diere. Mense het die vermoë om oor dinge te dink, wat nie merendeels instinktiewe gedagtes van oorlewing is nie. Hule kan beskawings ontwikkel, dink aangaande die betekenis van die lewe, of filosofiese of godsdienstige gedagtes hê.

Mense het sielswerkinge van 'n hoër dimensie omdat, ter byvoeging tot hulle liggaam en hulle siel, is hulle ook met 'n gees toegerus. Selfs daardie mense wie nie in God glo nie, is met 'n gees toegerus. Dit verduidelik tot 'n sekere mate, hoe hulle vaagweg die geestelike koninkryk kan begryp, en 'n redelike vrees vir die lewe, na die dood kan hê. Met 'n gees wat dieselfde as dood is, word hulle volkome deur hulle siele beheer. Beheer deur die siel, e pleeg hulle sondes en uiteindelik, gaan hulle as gevolg hiervan Hel toe.

Mens met Siel

Toe Adam geskep was, was hy 'n geestelike wese wie met God gekommunikeer het. Naamlik, sy gees was sy meester en die siel was soos 'n dienskneg wat sy gees gehoorsaam het. Natuurlik, selfs toe het die siel die funksie van onthou en dink gehad, maar omdat daar geen onwaarheid of kwade gedagtes was nie, het die siel slegs die instruksies van die gees gevolg, wat God se Woord gehoorsaam het.

Maar nadat Adam van die boom van die kennis van goed en kwaad geëet het en sy gees gesterf het, het hy 'n mens van die siel geword, wat deur Satan beheer was. Hy het begin om gedagtes en handelinge van onwaarheid te lewer. Nou het mense toenemend hulleself van die waarheid gedistansieer, omdat Satan hulle siel beheer het en hulle op die weg van onwaarheid gelei het. Daarom, die mense se siele is diegene wie se geeste gesterf het, en nie enige kennis van gees vanaf God kan ontvang nie.

Mense van siel wie se gees gesterf het, kan nie die saligheid ontvang nie. Dit was die geval met Ananias en Saffira gedurende die vroeë kerktydperk. Hulle het in God geglo, maar hulle het nie ware geloof gehad nie. Hulle was deur Satan aangehits, om die Heilige Gees en vir God te lieg. Wat het met hulle gebeur?

Handelinge 5:4-5 lees, "Jy het nie vir mense gelieg nie maar vir God.' Toe Ananias dit hoor, het hy dood neergeval; en al die ander wat dit gehoor het, het baie bang geword."

Omdat dit ook net sê, 'hy het sylaaste asem uitgeblaas', kan ons aflei dat hy nie gered was nie. Aan die ander kant, was Stefanus 'n mens van gees wie die wil van God gehoorsaam het. Sy liefde was groot genoeg, om vir die mense te bid wie hom gestenig het. Hy het sy 'gees' aan die Here toevertrou, toe hy gemartel was.

Handelinge 7:59 sê, "Terwyl hulle vir Stefanus stenig, het hy geroep: 'Here Jesus, ontvang my gees!'" Hy het die Heilige Gees ontvang, deur Jesus Christus aan te neem, en sy gees het herlewe en dus het hy gebid, "...ontvang my gees!" Dit beteken dat hy gered was. Daar is 'n vers wat net sê 'lewe' in plaas van 'siel' of 'gees'. Toe Elia die kind van die weduwee van Zarephath opgewek het, word gesê dat die kind se lewe het teruggekom. "Die Here het Elia se gebed verhoor: die lewe het teruggekom, die kind het gelewe" (1 Konings 17:22).

Soos gemeld, in die Ou Testamentiese tye het die mense nie die Heilige Gees ontvang nie, en hulle gees kon nie herlewe nie. Dus, die Bybel sê nie 'gees' nie, selfs al was die kind gered.

Waarom het God Opdrag gegee om Alle Amalekiete te Vernietig?

Toe die manne van Israel uit Egipte gekom het, en na Kanaan opgeruk het, het die Amalekiete se leër in hulle pad gestaan. Hulle was nie vir God, wie met die manne van Israel gewees het bang nie, selfs nadat hulle van God se groot werke wat in Egipte ten uitvoer gebring is, gehoor het nie. Hulle het die agterste manne wie moeg en uitgeput was, en nie kon byhou nie, aangeval en om die lewe gebring, sonder om hulle aan God te steur (Deuteronomium 25:17-18).

God het as gevolg hiervan, vir Koning Saul opdrag gegee, om al die Amalekiete te vernietig (1 Samuel hoofstuk 15). God het hom beveel om alle manne, vrouens en kinders, die jonges en die oues en selfs hulle lewende hawe dood te maak.

Indien ons nie die begrip omtrent gees verstaan nie, kan ons nie so 'n opdrag verstaan nie. Iemand mag wonder, "God is goed en Hy is liefde. Waarom sou Hy so 'n wrede opdrag gee, om mense dood te maak asof hulle diere is?"

Indien jy die geestelike betekenis van hierdie gebeurtenis verstaan, dan sal jy verstaan waarom God dit beveel het. Diere het ook geheuekrag, dus wanneer hulle opgelei word, onthou hulle dit en is teenoor hulle meesters gehoorsaam. Maar omdat hulle nie 'n gees het nie, sal hulle net na 'n handvol stof terugkeer. Hulle is in God se oë van geen waarde nie. Eweneens, hulle wie se geeste dood is, en nie gered kan word nie en in die Hel gaan beland, is volgens God van geen waarde nie.

Die Amalekiete was in besonder geslepe en wreed. Ongeag hoeveel meer tyd aan hulle gegee sou word, het hulle geen meer geleentheid gehad as aanvanlik, om terug te draai en te bely nie. Indien daar slegs een was wat regverdig was, en die moontlikheid bestaan het van berou of dat hulle sou wegdraai van hulle verkeerde weë, sou God alles probeer het om hulle te red. Onthou God se belofte, dat hy nie die sondige Sodom en Gommora sou vernietig nie, indien daar slegs tien regverdige mense in die stad is.

God is vol genade, en Hy word nie gou kwaad nie. Maar daardie Amalekiete, hulle het absoluut geen kans gehad om die saligheid te ontvang nie, ongeag hoeveel tyd hulle gegun was. Hulle was nie die koring nie, maar die kaf wat in die verderf sou beland. Dit is waarom God opdrag gegee het, om alle Amalekiete te vernietig, wat teen God in opstand gekom het.

Prediker 3:18 lees, "Ek het by myself gedink: dit is ter wille van die mense self dat God hulle toets; hulle moet insien dat hulle niks anders as diere is nie." Toe God hulle getoets het, was hulle niks anders as diere nie. Hulle wie se geeste dood is, funksioneer slegs met siel en liggaam, dus waarom hulle soos diere optree. Natuurlik, in hierdie sondige wêreld vandag, is daar mense wie selfs erger as diere is. Hulle kan vanselfsprekend nie gered word nie. Aan die een kant, diere sterf en vergaan net. Aan die ander kant, indien hulle nie gered word nie, moet mense Hel toe gaan. Op die einde is hulle slegter af, as die diere.

2. Verskeie Werkinge van die Siel in die Fisiese Ruimte

In die oorspronklike mens, was die gees die meester van die mens, maar as gevolg van Adam se sonde, het sy gees gesterf. Die geestelike energie het begin verdwyn, en is deur vleeslike energie vervang. Sedertdien het die werkinge van die siel wat aan die onwaarheid behoort, begin.

Daar is twee soorte werkinge van die siel. Eeen is vleeslik en die ander een is geestelik. Terwyl Adam 'n lewende gees was, was hy net van die waarheid deur God voorsien. Op hierdie manier het hy slegs werkinge van die siel gehad, wat aan die gees behoort het. Naamlik, hierdie werkinge van die siel behoort tot die waarheid. Terwyl, nadat sy gees gesterf het, het die werkinge van die siel wat aan onwaarheid behoort, begin.

Lukas 4:6 lees, "Toe sê die duiwel vir Hom: 'Aan U sal ek al hierdie mag en majesteit gee, want dit is aan my oorgegee, en ek gee dit aan wie ek wil.'" Dit was 'n toneel waar die duiwel vir Jesus getoets het. Die duiwel het gesê dat die mag aan hom oorgegee was, en nie dat hy dit vanaf die begin gehad het nie. Adam was geskep as die heerser van alle skepsels, maar het die duiwel se slaaf geword, omdat hy die sonde gehoorsaam het. As gevolg van hierdie rede, is Adam se mag aan die duiwel en Satan oorgedra. Sedert daardie tyd het die siel die meester van alle mense geword, en alle mense het onder die bewind van die vyandige duiwel en Satan gekom.

Satan kan nie oor die waarheidliewende hart van 'n mens regeer nie. Dit regeer die mens se siel om hul harte in besit te neem. Satan plaas verskeie soorte van onwaarhede in die mens se gedagtes. To die mate wat dit die handelinge van die mens se siel gevangeneem, kan dit ook die mens se hart beheer.

Toe Adam 'n lewende gees was, het hy slegs kennis van die waarheid gehad, en daarom was sy hart self sy gees gewees. Maar nadat die kommunikasie met God gestaak was, kon hy nie langer meer van die kennis van die waarheid, asook die geestelike energie voorsien word nie. In plaas daarvan, het hy die kennis van onwaarheid soos deur Satan, deur middel van die siel voorsien, aanvaar. Hierdie kennis van onwaarheid, het gekom om in die mense se harte, die harte van onwaarheid te vorm.

Vernietiging van die Siel se Werking Behoort aan die Vlees

Het jy soms al ongevoelige woorde gesê, of iets gedoen, wat jy gedink het dat jy dit nooit sal sê of doen nie? Dit is omdat mense deur die siel beheer word. Aangesien die gees deur die siel bedek word, kan ons gees slegs aktief wees, wanneer ons die handelinge van die siel wat vleeslik is, afbreek. Dus, hoe kan ons die handelinge van die siel wat vleeslik is, afbreek? Die belangrikste ding is, dat ons moet erken dat ons kennis en idees nie korrek is nie. Eers dan kan ons gereed wees, om die Woord van waarheid te aanvaar, wat van ons eie idees verskil.

Jesus het gelykenisse gebruik, om die verkeerde idees van die mense te verwoes (Matteus 13:34). Hulle kon nie geestelike dinge verstaan nie, omdat hulle saad van die lewe deur die siel versmoor was, dus het Jesus hulle deur middel van gelykenisse laat probeer verstaan, deur dinge van hierdie wêreld te gebruik. Maar nie die Fariseërs of Sy dissipels kon Hom verstaan nie. Hulle het alles met hulle standaard vaste idees en vleeslike gedagtes van onwaarheid vertolk, en daarom kon hulle nie enigiets geestelik verstaan nie.

Die werkheiliges van daardie tyd het Jesus veroordeel, omdat hy 'n siek man op die Sabbatdag genees het. Indien jy net logies dink, kan jy sien dat Jesus 'n mens is wie deur God erken en geliefd was, omdat Hy die krag uitvoer wat net God kon uitvoer. Maar daardie werkheiliges kon nie God se hart verstaan nie, as gevolg van die ouderlinge se tradisies en hulle swaksinnige raamwerke. Jesus het probeer dat hulle, hulle verkeerde idees en selfbeptheid moet verstaan.

Lukas 13:15-16 sê, "Toe sê die Here vir hom: 'Julle huigelaars! Maak elkeen van julle nie op die sabbatdag sy bees of sy donkie van die krip los en lei hom weg om hom te laat suip nie? En hier is 'n vrou, 'n kind van Abraham, wat al agtien jaar lank deur die Satan gebind is. Mag sy dan nie op die sabbatdag van hierdie band losgemaak word nie?'"

Toe Hy dit gesê het, was al Sy teenstanders vernederd; en die hele gehoor was verheug, oor al die pragtige dinge wat Hy gedoen het. Inderwaarheid, hulle het 'n geleentheid gehad om hulle verkeerde, swaksinnige raamwerke, te besef. Jesus het probeer om die menslike gedagtes af te breek, aangesien hulle slegs hulle harte sou oopmaak, wanneer hulle gedagtes verpletter is.

Laat ons na Die Openbaring 3:20 kyk, wat lees:

Kyk, Ek staan by die deur en Ek klop. As iemand my stem hoor en die deur oopmaak, sal Ek by hom ingaan en saam met hom die feesmaal hou, en hy saam met My.

In hierdie vers simboliseer die 'deur' die hek van die gedagtes, naamlik, die 'siel'. Die Here klop aan die deur van ons gedagtes, met die Woord van die waarheid. Op hierdie oomblik, indien ons die deur van ons gedagtes open, naamlik indien ons, ons siel afbreek en die Woord van die lewe aanneem, sal die deur van ons hart oopgemaak word. Dus, wanneer Sy Woord in ons hart kom, begin ons om die Woord van God te beoefen. Dit is om saam met die Here te 'eet'. Indien ons net Sy Woord met 'Amen' aanvaar, selfs al is Sy Woord nie in ooreentemming met ons gedagtes of teorië nie, dan, kan ons die vals handelinge van ons siel afbreek.

Soos verduidelik, ons moet eerstens die deur van ons gedagtes oopmaak en dan die deur van ons hart, sodat die evangelie die saad van die lewe kan bereik, wat deur die siel van die mense omring word. Dit is baie soos 'n besoeker, wie 'n ander huis besoek. Vir die besoeker wie buite die huis is, om die gasheer te ontmoet, moet hy die hoofhek oopmaak, in die huis ingaan en ook die hek na die stoep open, om na die woonkamer te gaan.

Daar is baie maniere om die handelinge van die siel, wat aan die vlees behoort, te vernietig. Vir die mense om die deur van hulle gedagtes te open, en hulle hart om die evangelie te aanvaar, is dit vir sommige mense beter om logiese verduidelikings te gee, en vir ander is dit beter om vir hulle God se krag te vertoon, of vir hulle goeie sinnebeelde of gelykenisse te gee. Ook, is dit nodig dat ons voortdurend die onware handelinge van die siel afbreek, vir die geloofsgroei van diegene wie alreeds die evangelie aanvaar het. Daar is baie gelowiges, wie nie aanhou om in die geloof, en geestelik te groei nie. Dit is omdat hulle nie die aanhoudende geestelike besef het, as gevolg van die feit dat hulle handelinge van die siel, vleeslik is.

Vorminge van Herinneringe

Vir ons om begeerlike handelinge van die siel te hê, moet ons die kennis bekom, van hoe die insette as herinneringe behoue bly. Somtyds sien of hoor ons beslis iets, maar later kan ons skaars iets daarvan onthou. Aan die ander kant, onthou ons iets so duidelik, dat ons selfs na 'n lang tydperk niks daarvan vergeet het nie. Hierdie verskil ontstaan, as gevolg van die wyse, wat gebruik word om die dinge in ons geheuesisteem te plaas.

Die eerste metode om iets in die geheue te plaas, is deur dit net per ongeluk op te merk. Ons hoor of sien iets, sonder om behoorlik daaraan aandag te gee. Veronderstel, dat jy per trein na jou tuisdorp teruggaan. Jy sien die koringlande en ander gesaaides. Maar indien jy besig gehou was deur ander gedagtes, sal jy nadat jy in jou tuisdorp aangekom het, baie min kan onthou van wat jy gedurende die treinrit gesien het. Net so, indien studente in die klas dagdrome sit en droom, kan hulle nie onthou waaroor die klas gegaan het nie.

Tweedens, is daar toevallige geheue. Wanneer jy die koringlande deur die venster sien, dan kan dit jou aan jou ouers herinner. Jy dink aan jou vader wie boer, wanneer jy die landerye sien, en later kan jy net vaagweg onthou wat jy gesien het. Net so, in 'n klas, kan studente ook net toevallig onthou wat die onderwyser sê. Hulle kan net na die klas onthou wat hulle gehoor het, maar na 'n paar dae het hulle dit weer vergeet.

Derdens, is dit om die herinnering te plaas. Indien jy ook 'n landbouer is, sal jy aandag daaraan gee, wanneer jy die koringlande en ander gesaaides sien. Jy sien duidelik hoe goed die lande bewerk is, of hoe die kweekhuise gebou is, en jy wil dit op jou eie boerdery toepas. Jy gee deeglik aandag daaraan, en jy stoor dit behoorlik in jou brein, sodat jy al die besonderhede kan onthou, selfs nat jy by jou tuisdorp aangekom het. Eweneens, in 'n klas, veronderstel die onderwyser sê, "Ons gaan 'n toets direk na die klas skryf. Vir elke verkeerde antwoord sal vyf punte afgetrek word." Dan, sal die studente waarskynlik probeer konsentreer, om sodoende die instruksies in die klas te onthou. Hierdie soort geheue, sal betreklik langer as die voriges duur.

Vierdens, is dit om beide in die brein en hart te plaas. Veronderstel jy kyk na 'n verdrietige rolprent. Jy vereenselwig jouself met die akteur, en leef jou in die storie in, sodat jy naderhand self baie huil. In so 'n geval, word die storie nie alleenlik in jou geheue geplaas nie, maar ook in jou hart. Naamlik, dit word met gevoel in jou hart geplant, asook geheue in jou breinselle. Die dinge wat behoorlik in beide die geheue en die hart geplant word, sal behoue bly, behalwe wanneer die breinselle beskadig word. Eweneens, selfs al word die brein beskadig, dit wat in die hart was, sal bly voortbestaan.

Indien 'n jong kind aanskou hoe sy moeder in 'n motorongeluk sterf, hoe skokkend moet dit nie wees nie! In so 'n geval, word die toneel en hartseer gevoelens in sy hart geplaas. Dit word in beide sy geheue en hart geplaas, sodat dit baie moeilik vir hom is, om dit te vergeet. Ons het gekyk na die vier metodes van memoriserig. Indien ons dit behoorlik verstaan, sal dit ons help om die handelinge van die siel te beheer.

Dinge Wat Jy wil Vergeet, maar Voortdurend aan Herinner word

Somtyds, word ons voortdurend aan dinge herinner, wat ons nie graag wil onthou nie. Wat is die rede daarvoor? Dit is omdat dit in beide die brein en die hart geplaas is, tesame met emosies.

Veronderstel dat jy iemand haat. Wanneer jy ookal aan hom dink, ly jy as gevolg van die haat. In hierdie geval, moet jy eerstens aan die Woord van God dink. God sê vir ons om selfs ons vyande lief te hê, en Jesus het vir hulle wie Hom gekruisig het gebid, sodat hulle vergifnis kon ontvang. Die soort hart wat God verkies, is goedheid en liefde, dus moet ons die vals hart verwerp, wat deur die vyandige duiwel en Satan aan ons gegee is.

In die meeste gevalle, indien ons die vernaamste oorsake oorweeg, sal ons besef dat ons ander oor nietighede haat. Ons kan besef wat dit is, deur ongehoorsaam teenoor die Woord van God te wees, ooreenkomstig 1 Korintiërs hoofstuk 13 wat sê, ons moet die voordele van ander soek, vriendelik en verdraagsaam teenoor ander wees. Wanneer wat ons kan besef dat ons onregverdig optree, kan die haat in ons harte geleidelik wegsmelt. Indien ons gevoel en goedheid in die eerste plek daar plaas, is dit onnodig om weens kwaadwillige gedagtes te ly. Selfs indien ander persone iets doen waarvan jy nie hou nie, hoef jy nie teenoor hulle haatdraend te wees nie, solank as wat jy gevoelens van goedheid het, en dink, "Hulle moet 'n rede hê."

Ons Moet Weet Wat Inset tesame met Onwaarheid Is

Nou, wat moet ons doen omtrent die onwaarheid, tesame met die onware gevoelens, wat ons alreeds geplaas het?

Indien iets in die diepte van jou hart geplaas is, sal jy daaraan herinner word, selfs al probeer jy om nie bewustelik daaraan te dink nie. In so 'n geval, moet ons die gevoelens wat met daardie aangeleentheid verband hou, verander. Eerder as om nie daaraan te dink nie, verander die gedagte. Byvoorbeeld, jy kan jou gedagtes verander, omtrent iemand wie jy haat. Jy kan vanuit sy standpunt begin dink, en verstaan waarom hy in sy situasie so opgetree het.

Eweneens, kan jy aan sy goeie punte dink, en ook vir hom bid. Indien jy probeer om hartlike en bemoedigende woorde teenoor hom te spreek, aan hom klein geskenke te gee, en liefdesdade te toon, sal die haatdraende gevoelens in liefdevolle gevoelens verander. Dan, sal jy nie meer ly, wanneer jy aan hom dink nie.

Voordat ek die Here aangeneem het, terwyl ek op my siekbed vir sewe jaar gelê het, het ek baie mense gehaat. Ek het geen genesing ontvang nie, en was van alle lewenshoop ontneem. Slegs die skuld het toegeneem, terwyl my familie feitlik vernietig was. My vrou moes ons aan die lewe hou, en my familie kon ons gesin nie verdra nie, omdat ons vir hulle 'n las was.

Die goeie bande tussen my broers was ook vernietig. Op daardie stadium het ek voortdurend aan my moeillike situasie gedink, en ek het hulle kwalik geneem, omdat hulle my verwerp het. Ek het dikwels 'n wrok teen my vrou gekoester, omdat sy my periodiek verlaat het, asook haar familielede, wie my gevoelens met harde woorde seergemaak het. Wanneer ek hulle gesien het, wat met oë van minagting na my kyk, het die haat en wrok in my groter geword. Maar een dag het al daardie wrok en haatgedagtes verdwyn.

Nadat Ek die Here aangeneem het, en na die Woord van God geluister het, het ek my fout besef. God sê vir ons om selfs ons vyande lief te hê, terwyl Hyself Sy enigste Seun as 'n offer vir ons gegee het. Maar wat se soort persoon was ek, dat ek wrokke en wraakgedagtes kon hê! Ek het soos hulle begin dink. Veronderstel ek het 'n suster gehad en sy het 'n onbekwame man ontmoet. Sy sou hard moes werk, om 'n bestaan te maak. Dus, wat sou ek van so 'n situasie gedink het? Nadat ek vanuit hulle siening begin dink het, kon ek hulle verstaan, en het ek besef dat al die blaam my toegekom het.

Nadat ek my denkwyse verander het, was ek eerder dankbaar teenoor my vrou se familielede gewees. Somtyds het hulle ons van rys of ander noodsaaklikhede voorsien, waaroor ek dankbaar was. Selfs gedurende daardie moeilike tye het ek die Here aangeneem, en van die Hemel te wete gekom, dus was ek ook daaroor dankbaar gewees. Nadat ek my denkwyse verander het, was ek dankbaar dat ek siek geword het en my vrou ontmoet het. Al my haat het in liefde verander.

Handelinge van die Siel wat aan Onwaarheid Behoort

Indien jy handelinge van die siel het, wat tot onwaarheid behoort, kan jy nie alleenlik jouself nie, maar ook diegene rondom jou benadeel. Dus, laat ons die gewone gevalle beskou, van die handelinge van die siel wat aan onwaarheid behoort, soos wat dit maklik in ons daaglikse lewens voorkom.

Eerstens, is die misverstand van ander en die onbekwaamheid om ander te aanvaar.

Mense ontwikkel verskillende style, waardes en begrippe oor wat reg is. Sommige mense hou van helder, unieke ontwerpe vir hulle klere, terwyl ander weer eenvoudige en netjiese ontwerpe verkies. Selfs dieselfde fliek sal deur sommige mense interessant gevind word, terwyl ander dit vervelig vind.

As gevolg van hierdie verskille, het dit die gevolg dat ons 'n klomp ongemaklike gevoelens teenoor ander het, wie baie verskillend van ons is, sonder dat ons dit besef. Een persoon kan 'n spontane en openlike persoonlikheid hê, en direk oor sy afkeure gesels. 'n Ander persoon kan nie sy gevoelens maklik uitdruk nie, en dit neem hom lank om iets te besluit, omdat hy eers al die moontlikhede in die fynste besonderheid oorweeg. Aan die een kant, lyk dit vir die eersgenoemde of die laasgenoemde stadig of nie behendig genoeg is nie. Aan die ander kant, laasgenoemde vind die eersgenoemde te haastig, en 'n bietjie aggressief en wil hom graag vermy.

Soos in 'n sinnebeeld, is dit 'n handeling van die siel wat tot die onwaarheid behoort, indien jy nie ander kan verstaan of aanvaar nie. Indien ons net van ons eie dinge hou, en indien ons dink dat net wat ons volgens ons siening beleef korrek is, kan ons nie regtig ander verstaan of aanvaar nie.

Tweedens, is dit om 'n oordeel te vel.

Om te oordeel is om 'n gevolgtrekking te hê, omtrent 'n persoon of iets gebaseer op ons eie raamwerke, denke of gevoelens. In sommige lande is dit onbeskof om jou neus te blaas, terwyl jy aan die etenstafel sit. In sommige ander lande is dit volkome in orde. In sommige lande beskou hulle dit as onbeskof om enige voedsel te vermors, terwyl in ander lande is dit aanvaarbaar, en selfs 'n gebaar van verfyndheid om 'n bietjie voedsel oor te los.

'n Persoon sien 'n ander wat met sy hande eet, en vra hom of dit nie onhigiënies is om met sy hande te eet nie. Dan antwoord hy, "Ek was my hande, dus weet ek dat dit higiënies is. Ek weet egter nie hoe skoon hierdie vurk en mes is nie. Dus, is my hande meer higiënies." Ooreenkomstig in watter soort omgewings ons grootgemaak is, en watter soort dinge ons geleer is, sal die gevoelens en gedagtes verskil, selfs teenoor dieselfde situasie. Daarom, moet ons nie volgens die standaard van die mens oordeel nie, want dit is nie die waarheid nie.

Party vel oordele, deur te dink ander sal dieselfde as hulle doen. Hulle wie leuens vertel, dink ander sal dieselfde doen. Hulle wie skinderpraatjies geniet, dink ander sal dieselfde doen.

Veronderstel jy sien 'n man en 'n vrou wie jy ken, wat by 'n hotel naby mekaar staan. Jy mag dan 'n oordeel vel deur te dink, "Hulle moes in die hotel saam gewees het. Ek dink hulle kyk na mekaar op 'n baie spesiale manier."

Daar is egter geen manier dat jy kan weet of die man en die vrou 'n gesprek in die hotel se koffiewinkel gehad het, of net toevallig mekaar in die straat raakgeloop het nie. Indien jy 'n oordeel vel en hulle verwerp, tesame met die verspreiding van gerugte, mag daardie mense groot onreg, skade of verlies ly, as gevolg van die vals gerugte.

Ontoepaslike antwoorde spruit voort uit veroordeling. Indien jy 'n persoon, wie dikwels laat vir werk is, vra, "Watter tyd het jy vandag opgedaag?" dan mag hy antwoord, "Ek was nie vandag laat nie." Jy vra hom net watter tyd het hy vandag gekom, maar hy dink aanmatigend dat jy hom veroordeel, en hy reageer met 'n volkome ontoepaslike antwoord.

1 Korintiërs 4:5 lees, "Daarom, moet julle nie te vroeg, voordat die Here kom, 'n oordeel uitspreek nie. Hy sal ook die dinge wat in duisternis verborge is, aan die lig bring en die bedoelings van die hart blootlê. Elkeen sal dan van God die lof ontvang wat hom toekom."

Daar is so baie uitsprake en veroordelings in hierdie wêreld, nie alleenlik op individuele vlakke nie, maar ook op familievlakke, verenigings, politieke en selfs op landelike-vlakke. Sulke kwaadwilligheid veroorsaak twis en bring ongelukkigheid. Mense leef met uitgebreide veroordeling, maar hulle besef dit nie eers nie. Natuurlik, somtyds mag hulle oordele korrek wees, maar in die meeste gevalle is dit nie so nie. Selfs al is hulle korrek, veroordeling self is 'n euwel en word deur God verbied, dus moet ons nie oordeel nie.

Derdens, is dit veroordeling.

Mense oordeel nie net ander met hulle eie gedagtes nie, maar veroordeel hulle ook. Sommige mense ly, as gevolg van vyandige aanmerkings omtrent hulle op die web. Die vel van 'n oordeel en veroordeling, vind dikwels in ons daaglikse lewens plaas. Indien 'n persoon by jou verbygaan, sonder om jou te groet, mag jy hom dalk veroordeel, deur hom skuldig te bevind aan opsetlike ignorering van jou. Dit mag wees dat hy jou nie kon herken nie, of hy was deur ander gedagtes in beslag geneem, maar jy gaan net voort en veroordeel hom met jou eie gevoelens.

Dit is waarom Jakobus 4:11-12 ons waarsku:

Moenie van mekaar kwaad praat nie, broers. Hy wat van sy broer kwaad praat of sy broer veroordeel, praat kwaad van die wet en veroordeel die wet. En as jy die wet veroordeel, handel jy nie meer volgens die wet nie, maar speel jy regter daaroor. Daar is egter maar een Wetgewer en Regter, en dit is Hy wat die mag het om te red en te verdelg. Maar jy, wie is jy om regter te speel oor jou naaste?

Om ander te oordeel of te veroordeel, is die arrogansie van Goddelike handeling. Sulke mense het alreeds hulleself veroordeel. Dit is selfs 'n ernstiger probleem om geestelike dinge te oordeel of te veroordeel. Sommige mense oordeel en veroordeel die kragtige werke van God of God se voorsienigheid, binne hulle geestelike raamwerke en kennis.

Indien iemand sê, "Ek is deur gebed van 'n ongeneeslike siekte genees!" dan sal diegene wie goedhartig is dit glo. Sommige ander sal oordeel oor wat gesê was en dink, "Hoe kan 'n siekte slegs deur gebed genees word? Dit moes seker foutiewelik gediagnoseer gewees het, of dalk dink hy dat hy beter word." Ander mag hom selfs veroordeel en sê dat hy 'n leuen vertel. Hulle vel 'n oordeel en veroordeel selfs die Bybelse aantekeninge oor die Rooi See se skeuring, die son en die maan se stilstand, en die bitter water wat in soet water verander het, deur te sê dat dit slegs mites is.

Sommige mense sê dat hulle in God glo, maar nogtans die Heilige Gees se werke oordeel en veroordeel. Indien 'n persoon sê dat sy geestelike oë geopen is, sodat hy die geestelike koninkryk kan sien, of dat hy met God kan kommunikeer, sal hulle roekeloos sê dat dit verkeerd is en slegs 'n mistiek is. Sulke werke is sekerlik in die Bybel aangeteken, maar hulle oordeel hierdie dinge binne die raamwerk van hulle persoonlike menings.

Gedurende Jesus se tyd was daar baie mense soos hierdie gewees. Toe Jesus die siekes op die Sabbat genees het, moes hulle gefokus het op die feit dat God se krag deur Jesus geopenbaar was. Indien dit nie in ooreenstemming met God se wil is nie, sou so 'n werk in die eerste plek nie deur Jesus plaasgevind het nie. Maar die Fariseërs het Jesus, die Seun van God, geoordeel en veroordeel, binne hulle eie-begrippe en verstandelike raamwerke. Indien jy God se werke oordeel en veroordeel, selfs al is dit omdat jy nie die waarheid behoorlik ken nie, is dit steeds 'n doodsonde. Jy moet baie versigtig wees, omdat jy nie 'n geleentheid sal hê om te bely, indien jy in opstand kom, jou uitspreek teenoor, of die Heilige Gees belaster nie.

Die vierde handeling van die siel in onwaarheid is om 'n foutiewe of verkeerde boodskap te lewer.

Wanneer ons 'n boodskap lewer, is ons geneig om ons eie gevoelens en gedagtes by te werk, en daardeur word die boodskap verdraai. Selfs al lewer ons presies dieselfde boodskap, kan die oorspronklike voorgenome betekenis daarvan gewysig word, ooreenkomstig die gesigsuitdrukkings asook die stemtoon. Byvoorbeeld, selfs wanneer ons iemand roep met dieselfde woord soos "haai!" byvoorbeeld, om hom met 'n vriendelike en sagte stem te roep, en om hom met 'n growwe en kwaai stem te roep, gee 'n heeltemal verskillende betekenis mee. Verder, indien ons nie die presiese woorde kan weergee nie, maar dit na ons eie woorde verander, word die oorspronklike betekenis dikwels verdraai.

Ons kan hierdie voorbeelde in ons daaglikse lewens vind, sowel as die oordrywing of verkorting van wat gesê was. Somtyds is die inhoud heeltemal verander. "Is dit nie waar nie?" word "Dit is waar, is dit nie so nie?" en "Ons beplan om..." of "Ons mag..." word "Dit blyk asof ons gaan..."

Maar indien ons geloofwaardige harte het, sal ons nie die feite verdraai, deur ons eie denkwyses nie. Ons sal in staat wees om die boodskappe meer akkuraat weer te gee, tot die mate wat ons ontslae kan raak van die kwaadwillge harte en karakters, soos om ons eie voordeel te soek, en nie probeer om akkuraat te wees nie, en gou om te oordeel, en kwaad van ander te praat. Beginnende met Johannes 21:18 is die Woord van die Here aangaande Petrus se martelaarskap. Dit sê, "Dit verseker Ek jou: Toe jy jonger was, het jy self jou klere vasgemaak en gegaan waar jy wil; maar wanneer jy oud is, sal jy jou hande uitsteek, en iemand anders sal jou vasmaak en jou bring waar jy nie wil wees nie."

Toe het Petrus omtrent Johannes nuuskierig geword, en 'n vraag gevra. "Here, en wat van hom?" (v. 21) Jesus antwoord hom: "As Ek wil hê dat hy in die lewe moet bly totdat Ek weer kom, is dit nie jou saak nie. Volg jy My!" (v. 22) Hoe dink jy was hierdie boodskap aan die ander dissipels oorgedra? Die Bybel sê, dat hulle gesê het dat die dissipels nie sal sterf nie. Jesus het gereken dat dit nie Petrus se saak was om oor Johannes bekommerd te wees nie, selfs al sou Johannes lewe totdat die Here weer kom. Maar die dissipels het 'n totale verkeerde boodskap oorgedra, deur hulle eie gedagtes by te voeg.

Vyfdens is negatiewe emosies en harde gevoelens

Omdat ons vleeslike, swak gevoelens het, soos om teleurgesteld te wees, in ons trots gekrenk te word, jaloers te wees, kwaad te word en verbitterd te wees, het ons onware handelinge van die siel as gevolg daarvan. Selfs al hoor ons dieselfde woord raak ons reaksies verskillend, ooreenkomstig ons gevoelens.

Veronderstel 'n bestuurder van 'n maatskappy sê aan sy werker, "Kan jy nie die taak beter verrig nie?" deur 'n fout aan hom uit te wys. In so 'n situasie, sal sommige mense die berisping in nederigheid ontvang, glimlag en sê, "Ja, ek sal probeer om volgende keer beter te doen." Maar hulle wie klagtes oor die bestuurder het, mag harde gevoelens hê, of 'n wrok koester oor die opmerking. Hulle mag dink, 'Is dit nodig dat hy op so 'n slegte manier moet praat?' of 'Wat omtrent homself? Hy doen selfs nie sy eie werk behoorlik nie.'

Of, die bestuurder gee vir jou advies en sê, "Ek dink dit sal beter wees, indien jy hierdie gedeelte op die bepaalde wyse korrigeer." Dan, sal sommiges van julle dit eenvoudig aanvaar en sê, "Dit is ook 'n goeie idee. Dankie vir jou advies," en neem daardie advies in oorweging. Maar sommige mense in 'n soortgelyke situasie voel ongemaklik, en hulle trots is gekrenk. As gevolg van hierdie slegte gevoelens, kla hulle somtyds en dink, 'Ek het my beste gedoen om hierdie werk goed te doen, so hoe kan hy so maklik so iets kwytraak? Indien hy so bekwaam is, waarom doen hy dit nie self nie?'

In die Bybel, lees ons van Jesus wie vir Petrus berispe (Mattheus 16:23). Toe die tyd aangebreek het vir Jesus om die kruis op te neem, het Hy die dissipels laat weet wat gaan gebeur. Petrus wou nie gehad het dat sy meester so moes ly nie en hy het gesê, "Mag God dit verhoed, Here! Dit sal beslis nie met U gebeur nie" (v. 22).

Op daardie stadium het Jesus dit nie vir hom maklik gemaak nie en gesê, "Ek weet hoe jy voel. Ek dank jou daarvoor. Maar Ek moet gaan." Maar Hy het hom berispe en gesê, "Moenie in my pad staan nie, Satan! Jy is vir My 'n struikelblok, want jy dink nie aan wat God wil hê nie, maar aan wat die mense wil hê" (v. 23).

Aangesien die weg na saligheid slegs geopen kon word, indien Jesus die lyding van die kruis sou opneem, om dit te stop was dieselfde as om God se voorsienigheid te stop. Maar Petrus het nie enige kwade gevoelens of klagtes teenoor Jesus gehad nie, omdat hy geglo het dat wat ookal Jesus gesê het 'n sekere betekenis gehad het. Met sulke goedhartigheid, het Petrus later 'n apostel geword, wie God se wonderlike krag uitgevoer het.

Aan die ander kant, wat het met Judas Iskariot gebeur? In Matteus 26, het Maria van Betanië 'n albaste fles met baie kosbare reukolie op Jesus se kop uitgegiet. Judas het gedink dat dit 'n verkwisting was. Hy het gesê, "'n Mens kon die reukolie vir baie geld verkoop het en dit vir armes gegee het" (v. 9).

Hier, gee Jesus eer aan Maria vir wat sy gedoen het, in die voorsiening van God, wie Homself moes voorberei vir Sy begrafnis. Judas het kwade gevoelens en klagtes teenoor Jesus gehad, omdat Jesus nie sy woorde erken het nie. Ten slotte het hy so 'n 'n groot sonde gepleeg, deur te beplan om Jesus te verraai en om Hom te verkoop.

Vandag, het baie mense sielshandelinge wat nie die waarheid is nie. Maar selfs wanneer ons iets sien, sal ons nie sielshandelinge hê nie, solank as wat ons nie enige gevoelens daarvoor het nie. Wanneer ons iets sien, moet ons by die waarnemingspunt stop. Ons moet nie ons gedagtes aanwend om 'n oordeel te vel en te veroordeel nie, want dit is 'n sonde. Om onsself by die waarheid te hou, is dit beter om nie iets te sien of te hoor wat onwaar is nie. Maar selfs al moet ons in kontak kom met enigiets wat onwaar is, kan ons steeds onsself in goedheid hou, indien ons in goedheid dink en voel.

3. Duisternis

Satan het dieselfde krag van duisternis as wat Lucifer het en stook mense op om kwaadwillige gedagtes en kwaadwillige harte te hê, en om sondig te handel.

In effek, is dit die bose geeste wat veroorsaak dat ons sielshandelinge het, wat aan die onwaarheid behoort. Die wêreld van die bose geeste was deur God toegelaat om te bestaan, om die voorsiening van die menslike ontwikkeling te vervul. Hulle het die mag oor die lug verkry, terwyl die ontwikkeling van die mensdom aan die gang was. Efesiërs 2:2 sê, "...en julle laat lei deur die vors van die onsigbare bose magte, die gees wat daar nou aan die werk is in die mense wat aan God ongehoorsaam is."

God het hulle toegelaat om die vloei van die duisternis te beheer, totdat God die menslike ontwikkeling beëindig.

Daardie bose geeste wat aan die duisternis behoort, mislei mense om sondes te pleeg en teen God in opstand te kom. Hulle het ook 'n streng orde. Die hoof, Lucifer, kontroleer die duisternis, gee bevele en beheer die onderdanige bose geeste. Daar is baie ander wesens wat vir Lucifer help. Hulle is drake wat die praktiese krag het, asook hulle engele (Verw: Die Openbaring 12:7). Daar is ook Satan, die duiwel, en demone.

Lucifer, die Hoof van die Wêreld van Duisternis

Lucifer was 'n aarsengel wat vir God met 'n pragtige stem en musiekinstrumente verheerlik het. Terwyl sy 'n 'n hoë posisie geniet het, en mag was sy deur God vir 'n lang, baie lang tyd geliefd, totdat sy uiteindelik arrogant geraak het, en vir God verraai het. Vanaf daardie tyd verder, het haar pragtige voorkoms afskuwelik geword.

Die Openbaring 18:7 sê, "In die mate waarin sy gepronk en in wellus gelewe het, in dié mate moet julle haar pyn en droefheid aandoen. Sy sê by haarself: 'Ek sit as koningin op my troon. Ek is nie 'n weduwee nie, en treur sal ek nooit nie,'" en Die Openbaring 19:2 sê, "Regverdig en reg is sy oordele, want Hy het die oordeel voltrek oor die sedelose vrou wat die aarde deur haar onsedelikheid verwoes het. Hy het die dood van sy dienaars op haar gewreek."

In die boonste verse verwys beide die 'groot hoer' en 'koningin' na Lucifer. Lucifer het vroulike karakters. Dit beteken nie dat sy 'n vrou in 'n biologiese betekenis is nie. Sy is slegs vroulik in gesteldheid soos voorkoms, emosie, handeling en die manier van praat.

Party mag dink Lucifer is vors en manlik gebaseer op Jesaja 14:12, wat sê, "Jy wat die helder môrester was, het uit jou hemel geval. Jy wat 'n oorwinnaar van nasies was, is in die grond in verpletter!" Hier beteken "seun" nie dat Lucifer 'n man was nie. God het nooit 'n engel 'n seun genoem nie (Hebreërs 1:5). Selfs al het ons nie aan 'n persoon geboorte gegee nie, indien daardie persoon met groot besorgdheid en vreugde dien, lief het en getrou werk, mag ons daardie persoon soos ons eie kind behandel. Wanneer God Lucifer 'n seun noem, het dit daardie betekenis.

Vandag, sonder om dit te besef, vereenselwig mense hulle met Lucifer se voorkoms, deur middel van hulle buitengewone haarstyle en grimering. Deur die neiging en mode van die wêreld, beheer Lucifer die verstand en gedagtes van die mense volgens haar wil. In besonder, Lucifer het 'n groot invloed op die wêreld se musiek.

Sy het die mense opgestook om te sondig en wetteloosheid

te beoefen, deur die moderne gerieflikhede wat rekenaars insluit. Sy het sondige heersers mislei om teen God in opstand te kom. Sommige lande vervolg Christenskap amptelik. Alles dit word deur die motivering en opstokery van Lucifer gedoen.

Verder, Lucifer versoek die mense met verskeie vorme van towery en towerkuns, en mislei met skynvertonings of towenaars om haar te aanbid. Sy probeer haar allerbeste om slegs nog een siel Hel toe te lei, en veroorsaak dat mense teen God in opstand kom.

Drake en Hulle Engele

Drake handel as die leiers van bose geeste wat onder Lucifer sorteer. Mense dink die draak is 'n denkbeeldige dier. Drake bestaan wel in die wêreld van die bose geeste. Dit is net dat hulle onsigbaar is, omdat hulle geestelike wesens is. Die mees algemeenste beskrywings van drake is, hulle het horings soos takbokke, oë soos demone, en ore soos die van beeste. Hulle het skubbe op hul vel en vier bene. Hulle is ietwat soos reusagtige reptiele.

Tydens die skeppingstyd het die drake lang, pragtige en puik vere gehad. Hulle het die troon van God omring. Hulle was deur God soos troeteldiere liefgehad, en het naby God gewoon. Hulle het groot krag en mag gehad, en het talryke engele as onderdane ook gehad. Nadat hulle God tesame met Lucifer verraai het, het hulle engele ook korrup geword en teen God opgestaan. Hierdie engele van die drake het ook nou afskuwelike voorkomste van diere gekry. Hulle het die krag van die lug tesame met die drake en het die mense na sondes en kwaad gelei.

Natuurlik, is Lucifer die hoof van die wêreld se bose geeste, maar op 'n praktiese wyse gee sy mag aan die drake en hulle engele om teen die geestelike wesens te veg, wat aan God behoort, en om oor die lug te regeer. Sedert lank gelede, het drake die mense verlei sodat hulle beelde en patrone van drake uitsny, om die mense toe te laat om hulle te aanbid. Vandag, word sekere godsdienste openlik verafgod deur drake en aanbid, en hierdie mense word deur die drake beheer.

Die Openbaring 12:7-9 praat van drake en hulle engele soos volg:

Daar het toe oorlog gekom in die hemel: Migael en sy engele moes oorlog voer teen die draak. Die draak en sy engele het oorlog gevoer, maar hulle is verslaan. In die hemel was daar geen spoor meer van hulle te vind nie, want die groot draak, die slang van ouds, wat die duiwel en die Satan genoem word en wat die hele wêreld verlei, is uit die hemel uit gegooi. Hy is op die aarde gegooi en sy engele saam met hom.

Drake verlei mense deur hulle engele. Sulke sondige mense sal nie terugstaan nie, selfs om sulke afskuwelike misdade te pleeg, soos moord en mensehandel. Die engele van die drake het die gedaantes van diere soos vermeld in die boek Levitikus en is vir God verfoeilik. Die kwaad sal op verskillende maniere ontvou word, ooreenkomstig die soort dier, aangesien elke dier 'n verskillende karakter het, soos afgryslikheid, sluheid, morsigheid of verwardheid.

Lucifer werk deur die drake, en die engele van die drake werk ooreenkomstig die opdragte soos deur die drake deurgegee. In vergelyking met 'n land, is Lucifer soos die koning, en die drake soos die eerste minister of die algemene bevelhebber van die weermag, wie die administratiewe kontrole oor die ministers en die soldate uitvoer. Wanneer drake optree, kry hulle nie elke keer direkte opdragte van Lucifer af nie. Lucifer het reeds haar gedagtes en mening in die drake geplant, en dus indien die drake iets doen, is dit outomaties in ooreenstemming met Lucifer se begeertes.

Satan Het die Hart en Krag van Lucifer

Die bose geeste kan mense beïnvloed tot die mate wat hulle harte deur duisternis bevlek is, maar die demone of die duiwel sal nie die mense vanaf die begin uitlok nie. Eerstens, is dit Satan wat met die mense werk, daarna die duiwel en laastens die demone. Eenvoudiger gestel, Satan is die hart van Lucifer. Dit het nie 'n wesenlike gedaante nie, maar nogtans werk dit deur die mens se gedagtes. Satan het die krag van duisternis soos wat Lucifer het, en dit maak dat mense sondige gedagtes kry, en 'n verstand om handelinge van sondigheid te pleeg.

Aangesien Satan 'n geestelike wese is (Job 1:6-7), werke dit op verskeie maniere, ooreenkomstig tot die verskeie karaktertrekke van duisternis wat 'n persoon het. Vir hulle wie leuens vertel, werk dit met 'n misleidende gees (1 Konings 22:21-23). Vir hulle wie daarvan hou om van opinie te verskil, deur die een kant teen die ander kant af te speel, werk dit met so 'n gees (1 Johannes 4:6). Vir hulle wie hou van die vuilwerk van die vlees, werk dit met die onreine gees (Die Openbaring 18:2).

Soos verduidelik, Lucifer, drake, en Satan het verskillende rolle en verskillende gedaantes, maar hulle het dieselfde verstand, gedagte en krag om sonde te beoefen. Nou, laat ons beredeneer hoe Satan op mense inwerk.

Satan is soos 'n radiogolf wat in die lug versprei word. Dit versprei sy gedagte en krag in die lug voortdurend. Net soos wat 'n radiogolf deur 'n ingestelde antenna ontvang kan word, kan die verstand die gedagtes en krag van Satan se duisternis ontvang, deur hulle wie gereed is om dit te ontvang. Die antenna is hier die onwaarheid, die duisternis wat in die mense se hart is.

Byvoorbeeld, die natuurlike haat in die hart kan as die antenna, om die radiogolf van haat, wat in die lug deur Satan versprei word, te dien. Satan plaas die krag van duisternis in die mense deur die mense se gedagtes, so gou as wat die radiogolf van duisternis wat deur Satan geskep is, en die onwaarhede in die harte van mense dieselfde frekwensie bereik. Hierdeur, word die hart van onwaarheid versterk en aktief. Dit is wanneer ons sê iemand, 'ontvang werke van Satan', of hy hoor Satan se stem.

Terwyl hulle Satan se stem op hierdie wyse hoor, sal hulle sondes in hulle gedagtes pleeg, en verder sal hulle sondes deur handeling pleeg. Wanneer sulke sondige nature soos haat of afguns die werke van Satan ontvang, sal hulle begeer om ander te benadeel. Wanneer dit verder ontwikkel, kan hulle selfs die sonde soos moord pleeg.

Satan se Werke deur die Deurgangsroete van Gedagte

Mense het harte van waarheid en onwaarheid. Wanneer ons Jesus Christus aanneem en God se kinders word, kom die Heilige Gees in ons harte en raak ons harte van waarheid aan. Dit beteken ons hoor die stem van die Heilige Gees binnekant ons harte. Aan die ander kant, Satan werk van buite, en dus benodig dit 'n deurgangsroete om die mense se harte te penetreer. Die deurgangsroete is die mense se gedagtes.

Mense aanvaar wat hulle sien en hoor, en leer tesame met gevoelens en stoor dit in die verstand en hart. In die regte situasie of omstandighede sal daardie herinneringe herwin word. Dit is 'gedagte'. Die gedagtes is verskillend ooreenkomstig tot watter soort gevoelens jy het, wanneer jy iets in jou geheue stoor. Selfs in presies dieselfde situasie, sommige mense stoor dit slegs ooreenkomstig met die waarheid, en hulle het gedagtes van waarheid, terwyl hulle wie dit in onwaarheid stoor, sal gedagtes van onwaarheid hê.

Die meeste mense is nie geleer van die waarheid, wat God se Woord is nie. Dit is waarom hulle baie meer onwaarheid as waarheid in hulle harte het. Satan motiveer en stook sulke mense op, om gedagtes van onwaarheid te hê. Hierdie is as die 'vleeslike gedagtes' bekend. Wanneer mense Satan se werke ontvang, kan hulle nie God se wet gehoorsaam nie. Hulle is verslaaf aan die sonde en uiteindelik gaan hulle dood (Romeine 6:16, 8:6-7).

Op Watter Manier Verkry Satan Beheer oor die Mense se

Harte?

Oor die algemeen werk Satan vanaf die uiterlike, deur die deurgangsroete van die mense se gedagtes, maar daar is uitsonderings. Byvoorbeeld, die Bybel sê dat Satan in Judas Iskariot, een van die Here Jesus se twaalf dissipels, ingegaan het. Hier, beteken Satan se 'ingaan in hom' dat hy aanhoudend die werke van Satan aanvaar het, en uiteindelik sy hele hart aan Satan gegee het. Op hierdie wyse was hy volkome deur Satan verower.

Judas Iskariot het die wonderlike krag van God ervaar, en terwyl hy vir Jesus gevolg het, was hy vriendelik geleer, maar aangesien hy nie sy gulsigheid kon verwerp nie, het hy God se geld vanuit die beursie gesteel (Johannes 12:6).

Hy was ook gulsig in sy soeke om groot eer en krag te bekom, wanneer die Messias, Jesus, die troon op die aarde sou inneem. Die werklikhede was egter verskillend van wat hy verwag het, so een vir een het hy dat Satan sy gedagtes neem. Uiteindelik, was sy hele hart deur Satan gevange geneem, en hy het sy Meester vir dertig silwer muntstukke verkoop. Ons sê dat Satan in iemand ingegaan het, wanneer Satan volle beheer van 'n individu se hart het.

In Handelinge 5:3, sê Petrus dat Ananias en Saffira se harte met Satan gevul was en dat hulle 'n gedeelte van die geld wat hulle gekry het, uit die verkope van hul grond, weggesteek het en vir die Heilige Gees gelieg het.

Petrus het dit gesê, omdat daar voorheen baie sulke gevalle was. Daarom, die uitdrukkings 'Satan het ingegaan' of 'gevul met Satan' beteken dat daardie mense het Satan self in hulle hart, en hulleself word soos Satan. Met geestelike oë lyk Satan soos 'n donker padda. Die energie van duisternis, wat soos donker rook is, is rondom daardie mense wie die werke van Satan tot 'n groot mate ontvang. Om dus nie die werke van Satan te ontvang nie, moet ons eerstens alle gedagtes van onwaarheid verwerp. Verder, moet ons die hart van onwaarheid by ons uitroei. Dit beteken dat ons prinsipieel die antenna wat Satan se 'radiogolwe' kan ontvang, moet verwyder.

Duiwel en Demone

Die duiwel is 'n deel engele wat tesame met Lucifer korrup is. Anders as Satan, het hulle 'n sekere gedaante. Binne 'n donker figuur, het hulle 'n gesig, oë, neus, ore en 'n mond soos engele. Hulle het hande en voete ook. Die duiwel raak mense aan, om sondes te pleeg en bring verskeie toetse en beproewinge na hulle toe.

Dit beteken nie dat die duiwel binnekant mense gaan, om dit te doen nie. Met die opdragte van Satan, kontroleer die duiwel die mense wie hulle harte vir die duisternis gegee het, en veroorsaak dat hulle sondige dade pleeg, wat onaanvaarbaar is. Somtyds kontroleer die duiwel direk sekere mense as hulle instrumente. Hulle wie hulle siel aan die duiwel verkoop het, soos towenaars of goëlaars word deur die duiwel gekontroleer, om as die duiwel se instrumente te handel. Hulle laat ook ander mense die duiwel se dinge doen. Daarom, sê die Bybel, dat hulle wie sondes pleeg, behoort aan die duiwel (Johannes 8:44; 1 Johannes 3:8).

Johannes 6:70 sê, "Jesus het hulle geantwoord, 'Het Ek nie self julle twaalf uitgekies nie? En een van julle is 'n duiwel!'" Jesus het van Judas Iskariot gepraat, wie hom sou verkoop het. So 'n persoon wie die slaaf van sonde geword het, en wie niks met die saligheid te doen het nie, is 'n seun van die duiwel. Nadat Satan in Judas ingegaan het en sy hart beheer het, het hy die daad van die duiwel gepleeg, wat die verkoop van Jesus behels het. Die duiwel is soos 'n middelklas bestuurder wat sy opdragte van Satan ontvang, en terwyl hy baie demone beheer, veroorsaak dit vir die mense baie siektes en pyne, en lei hulle om toenemend in meer sonde te verval.

Satan, die duiiwel, en die demone het 'n gesagslyn. Hulle werk baie nou saam. Eerstens, Satan werk op die onware gedagtes van die mense om die weg vir die duiwel te open, om sy taak te verrig. Vervolgens, die duiwel begin op mense te werk, sodat hulle werke van die vlees, asook ander werke van die duiwel pleeg. Dit is Satan wat deur gedagtes werk, en dit is Satan se werk om daardie gedagtes in handelinge te omskep. Verder, en wanneer die sondige dade 'n sekere perk oorskry, sal die demone in sulke persone ingaan. Wanneer demone in die mense ingaan, verloor hulle hul eie vrywilligheid en hulle word soos marionette van die demone.

Die Bybel gee te kenne dat bose geeste verskil van die gevalle engele of Lucifer (Psalm 106:28; Jesaja 8:19; Handelinge 16:16-19; 1 Korintiërs 10:20). Demone was eers menslike wesens wie 'n gees, siel en liggaam gehad het. Sommige van die mense wie op die aarde lewe en sonder saligheid sterf, kom weer terug na hierdie wêreld onder sekere, spesiale voorwaardes, en hulle is die demone. Die meeste mense het nie 'n duidelike begrip van die wêreld van bose geeste nie. Die bose geeste probeer voortdurend om net nog een persoon op die weg van selfvernietiging te neem, totdat God die finale dag bepaal het.

Vir hierdie rede sê 1 Petrus 5:8, "Wees nugter, wees wakker! Julle vyand, die duiwel, loop rond soos 'n brullende leeu, op soek na iemand om te verslind." En Efesiërs 6:12 sê, "Ons stryd is nie teen vlees en bloed nie, maar teen die bose magte van hierdie sondige wêreld, teen die bose geeste in die lug."

Ons moet waaksaam en nugter van gees te alle tye wees, maar ons kan nie anders as om in die verderf te beland, indien ons dat die krag van die duisternis ons lei.

Hoofstuk 2
Self

Eiegeregtigheid word gevorm wanneer ons met die onwaarheid van die wêreld geleer word, dat dit die waarheid is. Wanneer eiegeregtigheid onwrikbaar staan, word 'n geestelike raamwerk geskep. Dus, die geestelike raamwerk wat gevorm is, is die sistematiese verdigting van jou eiegeregtigheid.

Totdat Iemand se 'Self' Gevorm is

Eiegeregtigheid en Raamwerke

Om Handelinge van die Siel te Hê wat aan die Waarheid Behoort

Ek Sterf Daagliks

Dit was 'n periode voordat ek die Here aangeneem het. Ek het daagliks 'n stryd teen my siektes gevoer, en my enigste vermaak was om verweerkuns novelle te lees. die stories het normaalweg oor wraak gegaan.

Die tipiese verhaal gaan soos volg: wanneer hy 'n kleuter is, word die held se ouers deur die vyand vermoor. Hy het ternouernood die bloedbad, deur die hande van 'n huishulp in die huis vrygespring. Hy ontmoet 'n meester van verweerkuns, terwyl hy grootword. Hy word dan self 'n meester van die verweerkuns en neem wraak op sy vyand, omdat hulle sy ouers vermoor het. Hierdie novelles sê dit is regverdig en heldhaftig om hulle terug te betaal, al is dit ten koste van hulle eie lewens. In die Bybel is Jesus se onderrig so verskilllend van die wêrelse onderrig.

Jesus onderrig in Matteus 5:43-45, "Julle het gehoor dat daar gesê is: 'jou naaste moet jy liefhê en jou vyand moet jy haat.' Maar Ek sê vir julle: Julle moet julle vyande liefhê, en julle moet bid vir dié wat vir julle vervolg, sodat julle kinders kan wees van julle Vader in die hemel. Hy laat immers sy son opkom oor slegtes en goeies, en Hy laat reën oor die wat reg doen en oor dié wat verkeerd doen."

Die lewe wat ek gelei het, was goed en 'n eerlike lewe. Die meeste mense sou gesê het, dat ek die soort mens is wie 'nie die wet benodig nie.' Nietemin, nadat ek die Here aangeneem het, en oor myself nagedink het deur die Woord van God en in 'n herlewingsdiens gepreek het, het ek besef dat met my manier van lewe, is daar baie dinge wat verkeerd is. Ek was so skaam toe ek besef wat se taal ek gebruik, my gedrag, my gedagtes, en selfs my gewete was alles verkeerd. Ek het volkome voor God bely, toe ek besef dat ek 'n lewe gelei het, wat geensins regverdig was nie.

Sedertdien strewe ek daarna om my eiegeregtigheid en my persoonlike verstandelike raamwerke te besef, en dit te vernietig. Ek het ontken dat ek 'self' voorheen dit gedoen het, en dit as niks beskou het nie. Deur die Bybel te lees, het ek my 'self' vernuwe ooreenkomstig die waarheid. Ek het gevas en gebid sonder ophou, om die onwaarhede in my hart te verwerp. Die resultaat was dat ek kon voel dat my sondigheid besig was om te verdwyn, en ek het begin om die Heilige Gees se stem te hoor en Sy leiding te ontvang.

Totdat Jou 'Self' Gevorm is

Hoe vorm mense hulle harte en vestig hulle waardes? Eerstens is die faktore wat oorgeërf is. Kinders boots hulle ouers na. Hulle erf die voorkoms, gewoontes, persoonlikhede en ander genetiese karaktereienskappe van hulle ouers. In Korea sê hulle dat die kinders ontvang 'die bloed vann die ouers'. Dit is nie regtig die bloed nie, maar die lewensenergie, of 'chi'. 'Chi' is die kristalvorming van die hele liggaam se energie. Ek ken 'n familie waarvan die seun 'n groot geboortemerk bokant sy lippe het. Sy moeder het ook dieselfde geboortemerk op dieselfde plek gehad, maar sy het dit chirurgies laat verwyder. Selfs al het sy dit laat verwyder, het die seun nog steeds die geboortemerk oorgeërf.

Die sperma en eierselle van die mens bevat die lewensenergie. Hulle bevat nie alleenlik die uiterlike fisiese voorkoms nie, maar hulle bevat ook die persoonlikhede, geaardheid, intelligensie en gewoontes. Indien die vader se chi sterker is tydens die bevrugingsproses, sal die kind meer soos sy vader wees. Indien die moeder se chi sterker is, sal die kind meer soos sy moeder wees. Dit maak elke kind se hart verskillend.

Ook, terwyl 'n persoon opgroei en volwasse word, word baie dinge geleer, en dit word alles deel van die hart. Op die ouderdom van vyf, begin mense om die 'self' te vorm, deur die dinge wat hulle sien, hoor en leer. Teen ongeveer twaalf word die waarde vir standaarde van beoordeling gevorm. Om en by agtien, word jou 'self' selfs nog meer verhard. Die probleem is dat ons baie dinge wat verkeerd is, beskou asof hulle eintlik korrek is, en hulle as die waarheid onthou.

Daar is baie onware dinge wat ons in hierdie wêreld leer. Natuurlik in die skool leer ons baie dinge wat bruikbaar en noodsaaklik is vir ons lewens, maar daar is dinge wat geleer word, wat onwaar is, soos die Darwinistiese ewolusionisme. Wanneer ouers hulle kinders leer, word ook sekere onwaarhede as die waarheid oorgdra. Veronderstel 'n kind was buitekant en was deur 'n kind of kinders geslaan. Uit frustrasie raak die ouers iets kwyt soos, "Jy eet drie keer per dag net soos ander kinders en moet sterk wees, dus waarom word jy verslaan? Indien hulle jou een keer slaan, moet jy hulle twee keer terugslaan! Het jy nie hande en voete net soos alle ander kinders nie? Jy moet leer om vir jouself te sorg."

Die kinders word op 'n minderwaardige wyse hanteer, wanneer hulle deur hulle vriende verslaan word. Nou, wat se soort gewete sal hierdie kinders ontwikkel? Hulle sal heelwaarskynlik voel, dat hulle is simpel domkoppe, en dit is verkeerd om toe te laat dat ander hulle slaan. Indien ander hulle een keer slaan, sal hulle dink dat hulle die reg het om hulle twee keer terug te slaan.f others hit them once they will think they have the right to hit back twice. Met ander woorde, hulle doen iets verkeerd maar dink dit is goed.

Hoe sou daardie ouers wie die waarheid volg, hulle kinders leer? Hulle sou die situasie opsom en hulle met vriendelikheid en die waarheid leer, sodat hulle vrede kan hê en iets sê soos, "Liefling, sal jy net probeer om hulle te verstaan? Ook, kyk of daar enigiets is, wat jy verkeerd doen. God sê vir ons om die kwaad met goedheid te oorkom."

Indien kinders slegs met die Woord van God in elke situasie geleer word, sal hulle in staat wees om goeie en behoorlike gewetens te ontwikkel. In die meeste gevalle word die kinders met onwaarhede en leuens geleer. Wanneer die ouers lieg, sal die kinders ook lieg. Veronderstel die telefoon lui, en die dogter beantwoord dit. Sy bedek die inkomende kant met haar hand sodat die ontvanger nie kan hoor nie. Sy sê, "Pa, oom Tom soek jou." Dan sê die pa vir sy dogter, "Sê vir hom dat ek nie tuis is nie."

Die dogter kontroleer met haar pa voordat sy die telefoon vir hom gee, omdat so 'n insident dikwels in die verlede plaasgevind het. Mense word baie onware dinge geleer, terwyl hulle opgroei, en bowenal ontwikkel hulle hierdie onware dinge deur 'n oordeel te vel en te veroordeel, deur hulle eie gevoelens. Op hierdie wyse word 'n onware gewete gevorm.

Verder, baie mense is selfgesentreerd. Hulle volg slegs iets wat tot hulle eie voordeel is, en dink hulle is reg. Wanneer ander se bedoeling of idee nie ooreenstem met hulle idees nie, dink hulle die ander is verkeerd. Die ander mense dink ook dieselfde. Dit is moelik om tot 'n ooreenkoms te kom, indien almal op hierdie wyse dink. Dieselfde is van toepassing selfs tussen die mense wie na aanmekaar is, soos tussen man en vrou of ouers en kinders. Die meeste mense vorm hulle 'self' op hierdie wyse, en daarom moet daar nie aangedring word, dat slegs hy/sy 'self' korrek is nie.

Eiegeregtigheid en Raamwerke

Baie mense vorm hulle standaarde van oordeel en waardesisteme deur die handelinge van die siel wat aan die onwaarheid behoort. Gevolglik, lewe hulle binne hulle eiegeregtigheid en raamwerke. Verder, hierdie eiegeregtigheid word deur onwaarhede gevorm, wat hulle van die wêreld aanvaar en as waar beskou. Hulle wie sulke eiegeregtigheid het, sal nie hulleself alleenlik as korrek beskou nie, as gevolg van hulle standaarde nie, maar in hulle eiegeregtigheid probeer hulle ook om hulle menings en sieninge op ander af te dwing.

Wanneer hierdie eiegeregtigheid verhard, word dit 'n raamwerk. Met ander woorde, hierdie raamwerk is 'n sistematiese gevormde struktuur van jou eiegeregtigheid. Hierdie raamwerke word gebaseer op elke individu se persoonlikhede, voorliefdes, maniere, teorië en gedagtes. In 'n situasie waar beide opsies in orde is, en jy slegs aandring op een van die opsies, en indien hierdie mening gekonsolideer is, word dit jou raamwerk. Dan, ontwikkel 'n tendens om meer hoflik en aanneemlik te wees, teenoor hulle wie dieselfde prioriteite, persoonlikhede of voorkeure het, maar daar is ook 'n tendens om minder verdraagsaam te wees, teenoor hulle wie nie met jou ooreenkom nie. Dit is as gevolg van 'n persoonlike raamwerk.

Hierdie soort raamwerk kan, op verskillende maniere in ons daaglikse lewens ontvou word. 'n Pasgetroude paartjie mag oor kleinighede verskille hê. Die man dink dat dit reg om die tandepastebuisie vanaf die onderkant te druk, terwyl die vrou dit vanaf enige plek druk. Indien een aandring op sy/haar manier in hierdie situasie, sal dit lei tot 'n botsing. Die botsings ontstaan weens raamwerke in hulle gewoontes, wat van mekaar verskil.

Veronderstel daar is 'n werknemer by 'n maatskappy wie al sy werk allenig verrig, sonder om enige hulp van die ander werknemers te ontvang. Sommige van hierdie mense het die gewoonte om alles self te doen, omdat hulle in verskillende omgewings grootgeword het, en alleen moet werk. Dit is nie omdat hulle arrogant is nie. Dus, indien jy so 'n persoon oordeel as arrogant of selfgesentreerd, is dit 'n onbehoorlike oordeel.

In die meeste gevalle, in die lig van die waarheid, is beide 'n persoon se eiegeregtigheid en persoonlike raamwerke foutief. Die fout spruit voort uit die onware hart, wat nie ander dien nie, maar persoonlike voordele soek. Selfs gelowiges het eiegeregtighede en raamwerke wat hulle nie besef, dat dit wel bestaan nie.

Hulle dink dat hulle na die Woord van God luister, en die sondes tot 'n mate verwerp het, en hulle ken die waarheid. Met hierdie kennis wys hulle hul eiegeregtigheid. Hulle vel 'n oordeel, oor hoe ander 'n lewe in geloof lei. Hulle vergelyk hulleself met ander, en dink dat hulle beter as ander is. Op 'n stadium het hulle slegs die goeie punte van ander raakgesien, maar later het hulle begin verander, en nou sien hulle slegs ander se tekortkominge raak. Hulle dring slegs op hulle eie menings aan, maar sê hulle maak so 'vir die koninkryk van God'.

Sommige mense praat asof hulle alles weet, en regverdig is. Hulle praat gedurig van ander mense se tekortkominge, en vel 'n oordeel oor hulle. Dit beteken hulle kan nie hulle eie tekortkominge raaksien nie, maar slegs die van ander.

Voordat ons volkome deur die waarheid verander is, het ons almal eiegeregtigheid gehad, en ons raamwerke ontwikkel. Tot die mate wat ons kwaad in ons harte het, sal ons die handelinge van die siel hê wat tot die onwaarheid behoort, eerder as handelinge wat tot die waarheid behoort. As gevolg hiervan, sal ons 'n oordeel vel en ander veroordeel binne ons eiegeregtigheid en raamwerke. Vir ons om geestelike groei te ervaar, moet ons al ons gedagtes en teorië oorweeg, hoewel hulle niks is nie. Ons moet ons eiegeregtigheid en raamwerke afbreek, en handelinge van die siel wat aan die waarheid behoort, hê.

Om Handelinge van die Siel wat aan die Waarheid Behoort, te Hê

Ons kan geestelike groei verkry, en in God se ware kinders verander, wanneer ons, ons handelinge van die siel wat tot die onwaarheid behoort, verander na dit wat tot die waarheid behoort. Dus, wat moet ons doen om handelinge van die siel wat tot die waarheid behoort, te verkry?

Eerstens moet ons enigiets wat in stryd is met die waarheid, waarneem en onderskei.

Mense het verskillende gewetes, en die standaarde van die wêreld is ook verskillend ooreenkomstig die tyd, ligging en die kulture. Selfs al tree jy korrek op, mag dit as verkeerd beskou word deur ander, wie verskillende waardes het.

Mense vorm hulle waardes en aanvaarbare maniere in verskillende omgewings en kulture, en daarom moet ons hulle nie oordeel, volgens ons eie standaarde nie. Die enigste beslissende standaard waarmee ons kan onderskei, tussen reg en verkeerd en die waarheid en onwaarheid, is die Woord van God, wie die waarheid self is.

Tussen die dinge wat die wêreldse se mense as reg en betaamlik beskou, is daar dinge wat met die Bybel saamstem, maar daar is ook baie ander dinge wat nie saamstem nie. Veronderstel een van jou vriende pleeg 'n misdaad, maar 'n ander persoon was foutiewelik aangekla. In hierdie geval, sal die meeste mense voel dat dit aanvaarbaar is, om nie jou vriend se skuldigheid te openbaar nie. Maar indien jy stilbly, wetende van die onskuld van die persoon, wie foutiewelik aangekla word, sal jou handeling nooit as regverdig in God se oë beskou kan word nie.

Voordat ek in God geglo het, wanneer ek iemand moes besoek gedurende etenstye, en hulle vra my of ek al geëet het, het ek gewoonlik gesê, "Ja, ek het reeds geëet." Ek het nooit gedink dat dit verkeerd was nie, omdat ek dit gesê het sodat die ander persoon gemaklik kan voel. In 'n geestelike begrip kan dit 'n bevlekking in God se oë wees, omdat dit nie regtig waar is nie, alhoewel dit nie 'n sonde is nie. Nadat ek dit besef het, het ek ander uitdrukkings gebruik soos, "Ek het nie geëet nie, maar ek wil nie nou eet nie."

Om alles met die waarheid te onderskei, moet ons na die Woord van die waarheid luister, dit leer en in ons harte bewaar. Ons moet die Bybel lees en ontslae raak van al die verkeerde standaarde wat ons gevorm het, met die onwaarheid in hierdie wêreld. Ongeag hoe wys iets in hierdie wêreld is, indien dit teen die Woord van God is, moet ons daarvan ontslae raak.

Tweedens, om handelinge van die siel te hê wat tot die waarheid behoort, moet ons gevoelens en emosies ooreenstem met die waarheid.

Hoe ons dinge inneem, speel 'n belangrike rol wanneer ons ooreenkomstig die waarheid probeer voel. Ek het 'n moeder gesien wie besig was om haar kind te berispe, "Indien jy dit doen, sal die pastoor jou bestraf!" Sy laat haar kind dink dat die pastoor iemand vreeslik is. So 'n kind sal baie bang voel en eerder die pastoor vermy, as om naby hom te wees, wanneer hy opgroei.

Lank gelede het ek 'n toneel in 'n rolprent gesien. 'n Meisie was baie vriendelik teenoor 'n olifant gewees, en die olifant het die gewoonte gehad om sy slurp om die meisie se nek te draai. Eendag, terwyl die meisie besig was om te slaap, het 'n giftige slang gekom en homself om die meisie se nek gedraai. Indien sy geweet het dat dit 'n giftige slang was, sou sy so bang en vreesbevange gewees het. Haar oë was gesluit terwyl sy slaap, en sy het gedink dat dit was maar net die olifant se slurp was. Dus was sy geensins verbaas nie. Sy het eerder gevoel dat dit vriendelik was. Gevoelens verskil ooreenkomstig tot gedagtes.

Die gevoelens raak verskillend, ooreenkomstig tot hoe ons dink. Mense wie gewalg word deur maaiers, wurms of oorkruipers verkies eerder die heerlike smaak van hoenders selfs al eet hoenders sulke dinge. Ons kan nou sien hoe ons gevoelens omtrent iets afhang van ons gedagtes. Ongeag watter soort persoon ons sien, en wat se werk ons doen, ons moet net dink en oor alles goed voel.

Bowendien, vir ons om sodoende met alles goed te voel en te dink, moet ons altyd net goeie dinge sien, hoor en inneem. Dit is veral waar in hierdie dae wanneer ons feitlik, omtrent enigiets deur middel van massamedia of Internet kan sien. Meer kwaad, wreedheid, geweld, kullery, selfgesentreerdheid, sluheid en verraad heers rondom ons vandag, baie meer as enige tyd in die geskiedenis. Vir ons om onsself in die waarheid te hou, is dit beter om nie te sien, hoor of hierdie dinge in te neem nie. Nietemin, selfs indien ons daardie dinge moet ervaar, op die oomblik wat ons dinge van waarheid en goedheid inneem. "Hoe?" vra jy!

Byvoorbeeld, hulle wie vreesaanjaende stories omtrent demone en bloedsuiers op 'n jong ouderdom gehoor het, sal skrikkerige gevoelens oor dit hê, veral indien hulle alleen in die donker agterbly, nadat hulle 'n gruwelike fliek gekyk het. Hulle gril of voel skrikbevange, indien hulle enige snaakse geluid hoor of onheilspellende skaduwees sien. Indien hulle alleen is, kan iets baie klein veroorsaak dat hulle in 'n skoktoestand beland, as gevolg van hulle vrees.

Indien ons in die lig lewe, beskerm God ons en die bose geeste kan ons nie aanraak nie. In plaas daarvan, vrees en bewe hulle van die geestelike lig wat ons uitstraal. Indien ons hierdie feit verstaan, kan ons, ons gevoelens verander. Ons verstaan in ons hart dat bose geeste nie vreesagtige wesens is nie, dus kan ons gevoelens ook verander. Aangesien ons die wêreld van duisternis kan oorwin, selfs as demone verskyn, kan ons hulle in die naam van Jesus Christus verdryf.

Laat ons nog een geval beskou, waar mense onbetaamlike gevoelens het. Ek was ongeveer 20 jaar gelede op 'n pelgrimstog saam met kerklidmate. Op 'n stadium in Griekeland was daar 'n naak standbeeld van 'n man. Die gaverings daarby was omtrent die aanmoediging van oefeninge en sport vir gesonde mense, wie die hoeksteen vir 'n gesonde nasie is. Daar kon ek die verskil tussen toeriste van ande Europese lande en ons kerklidmate sien.
Sommige van die dameslede het fotos voor die standbeeld sonder ongemak geneem, maar sommige ander dameslede het gebloos. Hulle het die plek vermy, asof hulle iets gesien het wat hulle nie veronderstel was om te sien nie. Die rede waarom hulle by die standbeeld gebloos het, was omdat hulle owerspelige gedagtes gehad het. Hulle het 'n onbetaamlike gevoel omtrent naaktheid, en hulle het daardie soort gevoel wanneer hulle die standbeeld van die naakte man sien. Sulke mense mag selfs 'n oordeel vel, oor hulle wie 'n nabystudie van so 'n standbeeld uitvoer. Maar daardie Europese toeriste het nie geblyk om enige ongemak te verduur of soortgelyke gevoelens te beleef nie. Hulle het na die standbeeld gekyk, met groot waardering vir 'n uitstaande stuk kunswerk.

In hierdie geval, moet niemand daardie Europese toeriste oordeel, dat hulle skaamteloos is nie. Indien ons verskillende kulture verstaan en ons gevoelens van onwaarheid in dit wat waar is kan verander, hoef ons nie verleë en skaam te voel nie. Adam het in sy naaktheid gelewe, terwyl hy geen kennis van die vlees gehad het nie, omdat hy geen owerspelige gedagte gehad het nie, en so 'n leefwyse was baie mooi.

Derdens, om handelinge van die siel te hê wat tot die waarheid behoort, moet ons nie alleenlik dinge van ons eie perspektief aanvaar nie, maar ook van ander se perspektief.

Indien jy dinge en situasies aanvaar, vanuit jou eie standpunt, ervaring en denkwyse, sal daar baie onware handelinge van die siel voorkom. Jy Jy sal moontlik woorde ooreenkomstig jou eie gedagtes byvoeg, of van ander wegneem. Jy mag dalk iets misverstaan, oordeel, afkeur en help met die toename van slegte gevoelens.

Veronderstel 'n persoon wie in 'n ongeluk beseer is, kla baie oor die pyn wat hy moet verduur. Diegene wie nog nie sulke ondraaglike pyn verduur het nie, of hulle wie 'n hoë pyndrempel het, mag dink dat die persoon maak 'n groot gedoente van 'n klein ding. Indien jy ander mense se woorde aanvaar, gebaseer op jou eie standpunt en ervarings, sal jy onware handelinge van die siele hê. Indien jy probeer om uit sy oogpunt te verstaan, sal jy hom verstaan asook die omvang van pyn wat hy ervaar.

Indien jy net die ander persoon se situasie verstaan en hom aanvaar, sal jy met enigiemand vrede hê. Jy sal nie nodig hê om te haat nie, of enigiets te hê wat ongmaklik is nie. Selfs, alhoewel jy ly weens 'n besering of teenspoed, as gevolg van 'n ander persoon, indien jy eerstens aan hom dink, sal jy hom nie haat nie maar steeds liefhê en genadig wees. Indien jy Jesus, wie vir ons en God se genade gekruisig is, ken, kan jy selfs vir jou vyande lief wees. Dit was die geval met Stefanus. Selfs terwyl hy tot die dood gestenig was, sonder 'n fout aan sy kant, het hy hulle wie hom gestenig het nie gehaat nie, maar hy het vir hulle gebid.

Somtyds mag ons vind dat dit nie maklik is om die handelinge van die siel wat tot die waarheid behoort, te hê soos wat ons wens nie. Daarom, moet ons altyd waaksaam wees, omtrent ons woorde en dade en probeer om ons handelinge van die siel wat tot die onwaarheid behoort, om te skakel tot die wat tot die waarheid behoort. Ons kan die handelinge van die siel wat tot die waarheid behoort hê, deur die genade en krag van God en die hulp van die Heilige Gees, indien ons bid en aanhou probeer.

Ek Sterf Daagliks

Die apostel Paulus het een keer die Christene vervolg, omdat hy sterk eiegeregtigheid en geestelike raamwerke gehad het. Nadat hy die Here ontmoet het, het hy besef dat sy eiegeregtigheid en geestelike raamwerke nie korrek was nie, en hy het homself tot so 'n mate verneder, dat hy dit wat hy gehad het as onsin beskou het. Eerstens, het hy worstelinge in sy hart gehad, om te besef dat sonde was ook in hom teenwoordig, wat worstel met die een wie goed wou doen (Romeine 7:24).

Maar hy het 'n beroep van danksegging gedoen, waarvolgens hy glo dat die wet van die lewe en die Heilige Gees in Christus

Jesus hom van die sonde en die dood bevry het. In Romeine 7:25, sê hy, "Aan God die dank! Hy doen dit deur Jesus Christus ons Here. So is dit dus met my gesteld: met my gees dien ek die wet van God, maar in my doen en late die wet van die sonde," en in 1 Korintiërs 15:31, "Elke dag word ek deur die dood bedreig. Ja, broers, dit is waar, net so waar as wat julle my trots is in Christus Jesus, ons Here."

Hy sê, "Ek sterf daagliks" en dit beteken dat hy sy hart op 'n daaglikse basis gereinig het. Naamlik, hy die onwaarhede in hom soos trots, self-aanmatigheid, haat, oordeel, woede, verwaandheid en gulsigheid verwerp. Soos bely het, hy het dit verwerp deur daarmee te worstel, tot die punt van bloedvergieting. God het vir hom genade en krag gegee, en met die hulp van die Heilige Gees het hy in 'n man van gees verander, wie net handelinge van die siel in die waarheid het. Hy het uiteindelik 'n kragtige apostel geword, wie die evangelie verkondig het, terwyl hy baie tekens en wonders uitgevoer het.

Hoofstuk 3
Dinge van die Vlees

Sommige mense pleeg sondes van afguns, jaloesie, oordeel, veroordeel en owerspeligheid in hulle gedagtes. Dit word nie uiterlik vertoon nie, maar sulke sondes word gepleeg, omdat dit die sondige kenmerke in dit het.

Vlees en Dade van die Liggaam

Betekenis van 'Vlees is Swak'

Dinge van die Vlees: Sondes Gepleeg in die Gedagtes

Wellus van die Vlees

Wellus van die Oë

Spoggerige Trots van die Lewe

Hulle wie se gees dood is, se siel word die meester, en regeer oor die liggaam. Veronderstel jy is dors, en jy wil iets drink. Dan, sal die siel die hande beveel, om die glas op te tel en na jou mond te bring. Op hierdie oomblik, indien iemand iets na jou gooi en jou beledig en jy kwaad word, sal jy dalk die glas wil breek. Wat se soort handeling van die siel is dit?

Dit gebeur wanneer Satan die siel opsweep, wat aan die vlees behoort. Mense ontvang die werke van die vyandige duiwel en Satan, tot die mate wat hulle onwaarhede in hulle het. Indien hulle die werke van Satan aanvaar, kry hulle gedagtes van onwaarheid, en indien hulle die werke van die duiwel aanvaar, toon hulle handelinge van onwaarheid.

Die gedagte om die glas uit woede te breek, was vanaf Satan afkomstig, en indien jy voortgaan om uiteindelik die glas te breek, is dit die duiwel se werk. Die gedagte word ''n ding van die vlees' genoem, en die aksie word ''n werk van die vlees' genoem. Die rede waarom ons handelinge van die siel en aksies wat tot die waarheid behoort, het, is as gevolg van die sondige nature wat deur die vyandige duiwel en Satan sedert Adam se val in ons geplant is, wat met die liggame van die wesens gekombineer is.

Vlees en Dade van die Liggaam

Romeine 8:13 sê, "As julle julle lewe deur die sondige natuur laat beheers, gaan julle die dood tegemoet, maar as julle deur die Gees 'n einde maak aan julle sondige praktyke, sal julle lewe."

Hier, beteken 'jy moet sterf' dat jy die ewige dood sal ervaar, wat die Hel is. Daarom, 'vlees' verwys nie na ons fisiese liggame alleen nie. Dit het ook 'n geestelike betekenis.

Volgende, dit sê indien ons die dade van die liggaam deur die Gees begrawe, sal ons lewe. Beteken dit dat ons ontslae moet raak, van die liggaamsdade soos om te sit, te lê, eet ensovoorts? Natuurlik nie! Hier, verwys die liggaam, na die dop van die houer, waarvandaan die kennis van die gees, soos deur God aan die mense gegee, uitgelek het. Om die geestelike betekenis hiervan te verstaan, moet ons leer wat se soort wese Adam was.

Terwyl Adam 'n lewende gees was, was sy liggaam waardevol en onverganklik. Hy het nie verouder nie en hy kon nie sterf of vergaan nie. Hy het 'n glinsterende, pragtige en geestelike liggaam gehad. Sy maniere was ook meer waardig, as enige edelman op die aarde. Vanaf die tyd wat sonde in hom gekom het en as gevolg van sy sonde, het sy liggaam onwaardig geword, wat geensins van diere verskil het nie.

Laat ek vir jou 'n sinnebeeld gee. Wanneer daar 'n koppie met vloeistof staan, kan die die koppie met ons liggaam en die vloeistof met ons gees vergelyk word. Dieselfde koppie kan verskillende waardes hê, afhangend van wat se vloeistof in die koppie is. Dit was dieselfde met Adam se liggaam.

As 'n lewende gees het Adam slegs die kennis van die waarheid soos liefde, goedheid, betroubaarheid en regverdigheid, en die lig van God, wat deur God gegee was, geken. Nadat sy gees gesterf het, het die kennis van die waarheid uit hom gelek, en in die plek van die waarheid, was hy met vleeslike dinge deur die vyandige duiwel en Satan voorsien. Hy het verander, as gevolg van die onwaarhede wat deel van hom geword het. Dit is gesê, "Deur die Gees, word die dade van die liggaam doodgemaak." Hier, verwys 'die dade van die liggaam' na die handelinge wat vanaf die liggaam kom, wat met die onwaarhede gekombineer is.

Byvoorbeeld, daar is mense wie hulle vuiste optel, deure of vensters slaan en ander aanwensels openbaar van rowwe gedrag, wanneer hulle kwaad word. Sommige mense gebruik vuil taal in elke sin wat hulle spreek. Sommige mense kyk na ander persone van die teenoorgestelde geslag met wellus, en ander vertoon wulpse gedrag.

Dade van die liggaam verwys nie alleenlik na duidelike pleeg van sondes nie, maar ook alle ander handelinge wat nie in God se oë aanvaarbaar is nie. Wanneer sommige mense met ander praat, sal hulle gevoelloos hulle vingers na mense of dinge wys. Sommige mense verhef hulle stemme wanneer hulle met ander praat, tot so 'n mate, dat dit klink asof hulle argumenteer. Hierdie dinge mag klink na kleinighede, maar dit is die dade wat afkomstig is vanaf die liggaam, wat met die onwaarhede gekombineer is.

Die herhaaldelike gebruik van die woord 'vlees' word in die Bybel gevind. In hierdie vers, Johannes 1:14, word die woord vlees met 'n letterlike betekenis gebruik, "Die Woord het mens geword en onder ons kom woon. Ons het sy heerlikheid gesien, die heerlikheid wat Hy as die enigste Seun van die Vader het, vol genade en waarheid." Maar dit word meer dikwels met 'n geestelike betekenis gebruik.

Romeine 8:5 sê, "Dié wat hulle deur hulle sondige natuur laat beheers, hou hulle besig met die dinge van die sondige natuur, maar dié wat hulle deur die Gees laat beheers, hou hulle besig met die dinge van die Gees." En Romeine 8:8 sê, "Dié wat hulle deur hulle sondige natuur laat beheers, kan nie die wil van God doen nie."

Hier, word 'vlees' in 'n geestelike sin gebruik, met verwysing na die sondige natuur, gekombineerd met die liggaam. Dit is die kombinasie van die sondige natuur en die liggaam, waarvandaan die kennis van die waarheid uitgelek het. Die vyandige duiwel en Satan plant verskeie sondige nature in die mensdom, en dit vorm 'n geheel met die liggaam. Dit word nie dadelik as 'n aksie vertoon nie, maar hierdie eienskappe is nou in die mense teenwoordig, sodat dit enige tyd as 'n aksie te voorskyn kan kom.

Wanneer ons elkeen van hierdie vleeslike eienskappe meld, sê ons dat dit is ''n ding van die vlees'. Haat, afguns, jaloesie, valsheid, sluheid, verwaandheid, woede, oordeel, veroordeling, owerspel, en gulsigheid word alles tesame na as 'vlees' verwys, en elkeen van hulle is ''n ding van die vlees.'

Betekenis van 'Vlees is Swak'

Terwyl Jesus in Getsemane besig was om te bid, het sy dissipels geslaap. Jesus sê toe vir Petrus, "Waak en bid, sodat julle nie in versoeking kom nie. Die gees is gewillig, maar die vlees is swak" (Matteus 26:41). Dit beteken egter nie dat die dissipels se liggame swak was nie. Petrus was kragtig gebou, aangesien hy 'n visserman was. So, wat beteken 'vlees is swak'?

Dit beteken, dat aangesien Petrus nog nie die Heilige Gees ontvang het nie, was hy 'n man van vlees wie nog nie sy sondes volkome verwerp het nie, en daarom nog nie 'n liggaam wat aan die gees behoort, ontwikkel het nie. Wanneer 'n man sy sondes verwerp en geestelik word, naamlik wanneer hy 'n man van die gees en waarheid word, sal sy siel en liggaam deur sy gees regeer word. Daarom, selfs al is jou liggaam baie moeg, en jy regtig wil wakker bly, kan jy verhoed dat jy aan die slaap raak.

Omdat Petrus nog nie geestelik geword het nie, kon hy nie die vleeslike eienskappe, soos moegheid en luiheid beheer nie. Dus, alhoewel hy wou wakker bly, kon hy nie. Hy was binne sy fisiese limiete. Om binne sulke fisiese limiete te wees, beteken dat die vlees swak is.

Na Jesus Christus se opstanding en hemelvaart, het Petrus die Heilige Gees ontvang. Daarna het hy nie alleenlik sy vleeslike eienskappe beheer nie, maar ook baie siek mense genees, en selfs die dooies opgewek. Hy het die evangelie met so 'n groot geloof en dapperheid verkondig, dat hy verkies het om onderstebo gekruisig te word.

In Jesus se geval, het Hy die evangelie van God se koninkryk versprei, en mense dag en nag genees, selfs alhoewel Hy nie in staat was om behoorlik te eet en slaap nie. Aangesien Sy gees Sy liggaam beheer het, selfs in 'n situasie waar Hy baie moeg was, kon Hy selfs bid totdat Sy sweet soos bloeddruppels op die grond val. Jesus het nie oorspronklike of self-gepleegde sondes nie. Daarom, kon Hy Sy liggaam geestelik beheer.

Sommige gelowiges pleeg sondes en bied verskonings aan soos, "My vlees is swak." Hulle sê dit, omdat hulle nie die geestelike betekenis van die uitdrukking ken nie. Ons moet verstaan dat Jesus Sy bloed aan die kruis gestort het, nie alleenlik as verlossing vir ons sondes nie, maar ook vir ons swakhede. Ons kan gesond van gees en liggaam wees, en dinge doen wat bo die mens se perke is, indien ons geloof het en die Woord van God gehoorsaam. Verder, het ons die hulp van die Heilige Gees, en daarom kan ons nie net sê dat ons nie kan bid, of ons het geen ander keuse as om sondes te pleeg, omdat ons vlees swak is.

Dinge van die Vlees: Sondes Gepleeg in die Gedagte

Indien mense vleeslik is, naamlik indien hulle sondige nature het wat deel van hulle liggaame vorm, pleeg hulle nie alleenlik sondes in hulle gedagtes nie, maar ook deur hulle dade. Indien hulle eienskappe van valsheid het, sal hulle ander bedrieg in 'n situasie wat ongunstig is. Indien hulle 'n sonde in die hart pleeg en nie in aksie nie, is dit 'n 'ding van die vlees.'

Veronderstel jy sien 'n pragtige stuk juweliersware wat aan jou buurvrou behoort. Indien jy selfs dit oorweeg om dit te neem of te steel, dan het jy reeds in jou hart 'n sonde gepleeg. Die meeste mense beskou dit nie as 'n sonde nie. God ondersoek die hart, en selfs die vyandige duiwel en Satan ken hierdie soort hart van die mense, dus kan hulle beskuldigings bring soos hierdie sonde wat, 'n ding van die vlees is.

In Matteus 5:28 sê Jesus, "Maar Ek sê vir julle: Elkeen wat na 'n vrou kyk en haar begeer, het reeds in sy hart met haar egbreuk gepleeg." In 1 Johannes 3:15 staan geskrywe, "Elkeen wat sy broer haat, is 'n moordenaar; en julle weet dat geen moordenaar die ewige lewe in hom het nie." Indien jy die sondes in jou hart gepleeg het, beteken dit dat jy die fondament gelê het, om eintlik die sondedaad te pleeg.

Jy kan 'n glimlag op jou gesig hê, en voorgee om iemand lief te hê, alhoewel jy hom haat en eintlik wil slaan. Indien iets gebeur en jy kan nie langer die situasie verdra nie, sal jou woede uitbars en jy mag dalk met daardie persoon rusie maak of baklei. Indien jy egter jou sondige natuur of die haat self verwerp, sal jy nie weer daardie persoon haat nie, selfs al gee hy vir jou so 'n moeilike tyd.

Soos geskrywe in Romeine 8:13, "...as julle julle deur die sondige natuur laat beheers, gaan julle die dood tegemoet," tensy jy die dinge van die vlees verwerp, sal jy uiteindelik die werke van die vlees pleeg. Nietemin, die Skrifgedeelte sê ook, "...maar as julle deur die Gees 'n einde maak aan julle sondige praktyke, sal julle lewe." So, dit is moontlik om godvresende en heilige dade te hê, indien jy die dinge van die vlees een vir een verwerp. Nou, hoe kan ons vinnig van die dinge en werke van die vlees ontslae raak?

Romeine 13:13-14 sê, "Ons moet welvoeglik lewe soos dit in die daglig hoort. Daar moet geen drinkery en uitspattigheid, geen ontug en onsedelikheid, geen rusie en jaloesie wees nie. Nee, julle moet lewe soos volgelinge van die Here Jesus Christus en nie voortdurend daarop uit wees om julle sondige begeertes te bevredig nie," en 1 Johannes 2:15-16 sê, "Moenie die sondige wêreld en die dinge van die wêreld liefhê nie. As iemand die wêreld liefhet, is die Vader se liefde nie in hom nie. Die wêreldse dinge – alles wat die sondige mens begeer, alles wat sy oë sien en begeer, al sy gesteldheid op besit – kom nie van die Vader nie, maar uit die wêreld."

Vanuit hierdie verse, kan ons besef dat alle dinge in die wêreld veroorsaak word, deur die wellus van die vlees, die wellus van die oë en die spoggerige trots van die lewe. Wellus is die energiebron wat mense dryf om verganklike vlees te soek en te aanvaar. Dit is 'n sterk mag wat mense laat goed voel, omtrent die wêreld en dit liefhet.

Laat ons nou teruggaan na die toneel waar Eva deur die slang versoek was, aan die hand van Genesis 3:6: "Toe besef die vrou dat die boom se vrugte goed is om te eet en mooi om na te kyk en begeerlik omdat dit kennis kan gee. En sy het van sy vrugte gepluk en geëet. Sy het ook vir haar man by haar gegee, en hy het geëet."

Die slang het vir Eva gesê, dat sy soos God kan word. Op die stadium wat sy die woord aanvaar het, is die sondige natuur in haarself as vlees kom vestig. Nou, het die wellus van die vlees te voorskyn gekom, en die vrugte lyk goed vir voedsel. Die wellus van die oë het te voorskyn gekom, en die vrug was 'n genot vir die oë. Die spoggerige trots in die lewe het te voorskyn gekom, en die vrugte was begeerlik om jou wys te maak. Nadat Eva sulke wellus aangeneem het, wou sy van die vrug eet, en sy het. In die verlede het sy geen voorneme gehad, om enigsins God se Woord te verontagsaam nie, maar soos wat haar wellus toegeneem was, het die vrugte goed en pragtig gelyk. Aangesien sy begeer het om soos God te word, het sy uiteindelik vir God verontagsaam.

Die wellus van die vlees en die oë, en die spoggerige trots van die lewe maak dat ons voel, dat sondes en kwaad goed en lieflik is. Dan, dit gee 'n toename in die dinge van die vlees, en uiteindelik werke van die vlees. Daarom, om die vleeslike dinge te verwerp, moet ons eerstens hierdie drie wellus te verwerp. Dan, kan ons begin om die vlees vanaf ons harte self te verwerp.

Indien Eva geweet het wat se groot pyn en hartseer die eet van die vrugte sou veroorsaak, sou sy nie gevoel het dat dit goed vir voedsel en 'n genot vir die oë was nie. Sy sou dit verafsku het om dit selfs net aan te raak of te sien, wat nog te noem om dit te eet. Eweneens, indien ons besef wat se groot pyn dit vir ons veroorsaak om die wêreld lief te hê, en as gevolg daarvan gestraf te word, deur in die Hel te beland, sal ons beslis nie die wêreld liefhê nie. Wanneer ons eers besef hoe waardeloos is alle sondebevlekte wêreldse dinge, kan ons maklik ons vleeslike begeerte verwerp. Laat my op dit uitbrei.

Wellus van die Vlees

Wellus van die vlees is die natuur om die vlees te volg, en sondes te pleeg. Wanneer ons karaktereienskappe soos haat, woede, selfsugtige begeerte, vleeslike begeerte, afguns en trots het, dan kan die wellus van die vlees verontrustend wees. Wanneer ons 'n situasie teenkom, waarin sondige nature beweeg, dan word die belangstelling en nuuskierigheid wakker gemaak. Dit sal ons lei tot die gevoel, dat sondes is goed en lieflik. By hierdie punt word die dinge van die vlees geopenbaar, en dit ontwikkel in werke van die vlees.

Byvoorbeeld, veronderstel 'n nuwe gelowige besluit om op te hou drink, maar hy het steeds die begeerte om alkohol te drink, wat 'n ding van die vlees is. So, indien hy na 'n kroeg of 'n plek gaan waar mense alkohol drink, word die wellus van die vlees om 'n drankie te drink, aangevuur. Dit sal die man se begeerte aanwakker, om weer alkohol te drink en hom daartoe lei, om eintlik alkohol te drink en dronk te word.

Laat ek vir jou nog 'n voorbeeld gee. Indien ons die karaktereienskappe van oordeel en veroordeling van ander het, sal ons graag gerugte omtrent ander mense wil hoor. Ons mag voel dat dit pret is om gerugte te hoor en te versprei, en van ander mense te praat. Indien ons kwaad in ons het en daar is iets waarmee ons nie saamstem nie, sal ons verfris en goed voel, om kwaad vir iemand of iets te word, as gevolg daarvan. Indien ons probeer om onsself te beheer, om nie die karaktereienskappe van die vlees, naamlik boosheid te volg nie, sal ons dit meer pynlik en ondraaglik vind. Indien ons 'n trotse karakter het, dan sal ons in ons trots die natuur hê, om oor onsself groot te praat. Ook, met ons trots sal ons dalk deur ander bedien wil word, as gevolg van daardie karaktereienskappe in ons. Indien ons 'n begeerte het om ryk te wees, probeer ons om welgesteld te word, selfs ten koste van, skade en lyding wat ons aan ander mense veroorsaak. Hierdie wellus van die vlees sal toeneem, namate ons meer sondes pleeg.

Selfs al is 'n persoon 'n nuwe gelowige met swak geloof, indien hy vuriglik bid, en genade van sy innige samesyn met ander lede ontvang, en vol van die Heilige Gees is, sal sy wellus van die vlees nie so maklik aangevuur word nie. Selfs indien die wellus van die vlees op een hoek van sy gedagte ontstaan, kan hy dit dadelik met die waarheid verdryf. Indien hy ophou om te bid en die volheid van die Heilige Gees verloor, sou hy vir die vyandige duiwel en Satan die ruimte bied, om die wellus van die vlees weer aan te vuur.

So, wat is belangrik om die wellus van die vlees te beëindig? Dit is om die volheid van die Heilige Gees te behou, sodat jou begeerte om die gees te soek, sterker sal bly as jou begeerte om die vlees te soek. Ons moet altyd geestelik op ons hoede wees, soos in 1 Petrus 5:8 staan, "Wees nugter, wees wakker! Julle vyand, die duiwel, loop rond soos 'n brullende leeu, op soek na iemand om te verslind."

Om in staat te wees om dit te doen, moet ons nie ophou om vuriglik te bid nie. Selfs, alhoewel ons besig is om God se werk te doen, sal ons die volheid van die Heilige Gees verloor, indien ons ophou om te bid. Dan sal die weg geopen word, vir die wellus van die vlees om weer aangevuur te word. Op hierdie manier, mag ons sondes in die gedagtes pleeg, en verder deur handeling. Dit is waarom selfs Jesus, Seun van God, gedurende Sy lewe op die aarde so 'n goeie voorbeeld van gebed sonder ophou, daar gestel het. Hy het nooit opgehou om te bid nie, weens die kommunikasie met die Vader en die uitvoering van Sy wil.

Natuurlik, indien jy jou sondes verwerp en heiligheid bereik, sal daar geen wellus van die vlees voorkom nie, en daarom sal jy nie aan die vlees onderwerp word, en sondes pleeg nie. Dus, hulle wie heilig is, sal nie bid om die wellus van die vlees te beëindig nie, maar om groter volheid van die Gees te ontvang, en om God se koninkryk beter ten uitvoer te bring.

Wat, indien ons menslike afvalstowwe in ons klere het? Ons sal dit nie net afvee nie, maar ons sal dit behoorlik met seep was, om ook die reuk te verdryf. Indien daar 'n wurm of 'n maaier op ons klere is, sal ons so verbaas wees en dit dadelik afskud. Die sondes van die hart is baie meer smerig en vuiler, as menslike afvalstowwe of enige wurm. Soos opgeteken in Matteus 15:18, "Maar wat by die mond uitkom, kom uit die hart, en dit is die dinge wat die mense onrein maak," dit beskadig 'n mens tot op die beenmurg en veroorsaak groot pyn.

Wat indien die vrou uitvind, dat haar man 'n liefdesverhouding met 'n ander vrou het? Hoe pynlik sal dit nie vir haar wees nie! Andersom is dit dieselfde. Dit sal rusies veroorsaak en die familievrede versteur, of self die oorsaak wees van familie-verbrokkeling. Daarom, moet ons vinnig die wellus van die vlees verwerp, aangesien dit geboorte gee aan sondes en ongunstige gevolge.

Wellus van die Oë

'Die wellus van die oë' vuur die hart aan, met hoor en sien en maak dat 'n persoon na vleeslike dinge soek. Alhoewel genoem 'wellus van die oë,' die wellus van die oë kom in die mense se harte deur die proses van sien, hoor en voel, soos wat dit toeneem. Naamlik wat hulle sien en hoor, raak hulle harte aan om gevoelens te ontwikkel, en hierdeur verkry hulle die 'wellus van die oë'.

Wanneer jy iets sien, en dit tesame met gevoelens aanvaar, sal jy dieselfde gevoel beleef, wanneer jy iets soortgelyks weer sien. Selfs sonder om dit werklik te sien, indien jy slegs omtrent daardie bepaalde ding hoor, sal jy herinner word van ervaringe van die verlede, sodat jou wellus van die oë weer aangevuur word. Indien jy aanhou om die wellus van die oë te ontvang, sal dit jou wellus van die vlees motiveer, en uiteindelik sal dit uitloop op die pleeg van 'n sonde.

Wat het gebeur toe Dawid vir Batseba, vrou van Urija gesien het, terwyl sy gebad het? Hy het nie die wellus van sy oë gestop nie, maar dit aanvaar, daarby het hy sy wellus van die vlees laat toeneem, tot die begeerte om die vrou vir hom te neem. Uiteindelik het hy die vrou geneem, en die sonde gepleeg om haar man, Uriah, na die voorpunt van die slagveld te stuur, sodat hy doodgemaak kan word. Deur dit te doen, het Dawid veroorsaak dat 'n groot beproewing oor homself kom.

Indien ons nie wellus van ons oë verwerp nie, hou dit aan om die sondige natuur in ons aan te vuur. Byvoorbeeld, indien ons na onwelvoeglike materiaal kyk, motiveer dit die sondige natuur van die owerspelige verstand. Soos wat ons met die oë sien, kom die wellus van die oë in ons, en Satan dryf ook ons gedagtes in die rigting van onwaarheid.

Hulle wie in God glo, moet nie die wellus van die oë aanvaar nie. Jy moet nie sien of hoor wat onwaarheid is nie, en jy moet selfs nie na 'n plek gaan, waar jy kontak met oneerlike dinge kan hê nie. Ongeag hoeveel jy bid, vas, en heelnag bid om die vlees te verwerp, indien jy nie die wellus van die oë beëindig nie, sal jou wellus van die vlees sterker word en soveel meer sterker aangevuur word. As gevolg hiervan, kan jy nie die vlees maklik verwerp nie, en jy sal dit baie moeilik vind om teen die sondes te worstel.

Byvoorbeeld, gedurende 'n oorlog, indien die soldate binne die stadsmure voorraad van buite die stad ontvang, verkry hulle krag om aan te hou veg. Dit sal nie maklik wees om die vyandige mag binne die stadsmure te verslaan nie. Daarom, om die stad te verslaan, moet ons dit eerstens omsingel en die voorraad se toevoerlyne afsny, sodat die vyandige mag nie in staat sal wees, om enige eetware en wapens te kan ontvang nie. Indien ons aanhou om aan te val, terwyl hierdie situasie voortduur, sal die vyandige mag uiteindelik verwoes word.

Deur die gebruik van hierdie voorbeeld, indien die vyandige mag in die stad onwaar is, naamlik die vlees in ons, dan sal die versterkings van buite die stad die wellus van die oë wees. Indien ons nie die wellus van die oë beëindig nie, sal ons nie in staat wees om sondes te verwerp nie, selfs nie deur vas en gebede, omdat die sondige nature voortdurend krag ontvang. So, ons moet eerstens die wellus van die oë beëindig, en bid en vas, om sodoende onsself van die sondige nature te bevry. Dan sal ons in staat wees om dit te verwerp, deur die genade en krag van God, asook die volheid van die Heilige Gees.

Laat ek vir jou selfs 'n eenvoudiger voorbeeld gee. Indien ons aanhou om skoon water in 'n houer, gevul met vuil water te gooi, sal die vuil water uiteindelik skoon word. Maar wat gebeur indien ons skoon water tesame met vuil water ingooi? Die vuil water in die houer sal nie skoon word nie, ongeag hoe lank ons ingooi, indien dit nie alles skoon water is nie. Op dieselfde wyse, ons moet nie meer onwaarhede aanvaar nie, maar slegs die waarheid, om sodoende die vlees te verwerp en 'n hart van gees te ontwikkel.

Spoggerige Trots in die Lewe

Mense is geneig om die begeerte te hê om te spog. "Spoggerige trots in die lewe" is "die ydelheid en grootpratery van ons natuur wat ons omtrent die plesier in hierdie lewe het." Byvoorbeeld, hulle wil spog met hulle familie, kinders, man of vrou, duursame klere, gesogte huis of juweliersware. Hulle wil graag vir hulle voorkoms of talente erkenning hê. Hulle spog selfs daarmee dat hulle bevriend is met invloedryke mense of beroemde persone. Indien jy 'n spoggerige trots in die lewe het, heg jy waarde aan rykdom, roem, kennis, talente en voorkoms in hierdie wêreld en soek geesdriftig daarna.

Wat is die nut om oor sulke dinge te spog? Prediker 1:2-3 sê dat alles onder die son is tevergeefs. Soos opgeteken in Psalm 103:15, "die mens, sy lewensduur is soos dié van gras, soos dié van 'n veldblom wat oopgaan," spoggery in hierdie wêreld kan nie vir ons ware waarde van die lewe gee nie. Dit is eerder 'n vyandige houding teenoor God en lei ons tot die dood. Indien ons die betekenlose vlees verwerp, sal ons vry van grootpratery of wellus wees, en dit kan net die waarheid tot gevolg hê.

1 Korintiërs 1:31 vertel vir ons dat, "dié wat wil roem, moet in die Here roem." Dit beteken dat ons nie moet spog om onsself te verhewe nie, maar vir God se glorie. Naamlik, jy moet omtrent die kruis en die Here spog, wie ons gered het, en omtrent koninkryk van die hemel wat Hy vir ons voorberei het. Ook, moet ons spog omtrent die genade, seëninge, glorie en wat God ookal vir ons gegee het. Wanneer ons in die Here roem is God bly daaroor, en Hy betaal ons terug met materiële dinge en geestelike seëninge.

Mense se plig is om God eerbiediglik te vrees en lief te hê, en elke persoon se waarde sal vasgestel word, ooreenkomstig tot watter mate hy 'n man van gees geword het (Prediker 12:13).

Sodra ons alle sondes en kwaad verwerp het, naamlik werke en dinge van die vlees, en die verlore beeld van God herwin het, kan ons verby die vlak van die eerste man, Adam, wie 'n lewende gees was, beweeg. Dit beteken ons kan mense van gees en volle gees word. Daarom, moet ons geen voorsiening maak vir die vlees ten opsigte van die wellus nie, maar onsself slegs met Christus bedek.

Hoofstuk 4

Verby die Vlak van 'n Lewende Gees

Wanneer ons eers die vleeslike gedagtes afgebreek het, die handelinge van die siel wat vleeslik is verdwyn, en slegs die handelinge van die siel wat geestelik is bly oor. Die siel gehoorsaam die meester gees volledig, met 'n 'Amen'. Wanneer die meester die pligte van die meester en die dienskneg uitvoer, sê ons dat ons siel voorspoedig is.

Beperkte Hart van die Mensdom

Om 'n Man van Gees te Word

Lewende Gees en Ontwikkelde Gees

Geestelike Geloof is Ware Liefde

Na Heiligheid

Selfs pasgebore babas is menslike wesens, maar kan nie as 'n volwasse menslike wese optree nie. Hulle het geen kennis nie. Hulle is selfs nie in staat om hulle ouers te herken nie. Hulle weet nie hoe om te oorleef nie. Net so, Adam, wie as 'n lewende wese geskep was, kon nie sy pligte as 'n man in die begin uitvoer nie. Hy het eers 'n betekenisvolle wese geword, nadat hy geesvervuld geraak het. Hy het as die heerser van alle skepsels kom lewe, nadat hy die geestelike kennis, een vir een, by God geleer het. Teen daardie tyd was Adam se hart die gees self, sodat dit nie nodig was om die woord 'hart' te gebruik nie.

Nadat hy gesondig het, het sy gees gesterf. Die geestelike kennis het hom bietjie vir bietjie begin verlaat, en in plaas daarvan was hy met die kennis van die vlees gevul, soos deur die vyandige duiwel en Satan voorsien. Sy hart kon nie meer verder 'gees' genoem word nie, en van daardie tyd verder, was dit 'hart' genoem.

Oorspronklik, was Adam se hart na die beeld van God, wie gees is, geskep. Adam se hart kon ook vergroot word, tot die mate dat dit met die kennis van die gees gevul was. Nadat sy gees gesterf het, het die kennis van onwaarheid die gees omring, en toe het die grootte van die hart sekere beperkings aangeneem. Deur die siel wat die mense se meester geword het, het die mense begin om verskillende kennis in te neem, en hulle het begin om sulke kennis op verskillende maniere te gebruik. Ooreenkomstig tot die verskillende kennis en maniere van aanwending van die kennis, het die mense se harte begin om op verskillende maniere te funksioneer.

Dus, selfs daardie wie relatiewe groot harte het, is nog steeds nie in staat om verby sekere beperkings, soos vasgestel deur individuele eiegeregtigheid, persoonlike raamwerke en hulle eie teorië, te gaan nie. Nadat ons eers die Here Jesus Christus aangeneem het, die Heilige Gees ontvang het, en gestalte aan ons geeste deur die Gees gegee het, dan kan ons verby hierdie menslike beperkinge gaan. Verder, tot die mate wat ons die geestelike hart ontwikkel, kan ons begryp en omtrent die onbeperkte geestelike koninkryk leer.

Beperkte Hart van die Mense

Wanneer mense van die siel na die Woord van God luister, word die boodskap eerstens in hulle brein ontvang en gestoor, en daarna word die menslike gedagtes aangewend. Vir hierdie rede kan hulle nie Sy Woord met hulle harte aanneem nie. Natuurlik, kan hulle nie geestelike dinge herken nie, ook kan hulle nie hulleself met die waarheid verander nie. Hulle probeer om die geestelike koninkryk met hulle beperkte harte te verstaan, en so slaag hulle baie oordele. Hulle het ook baie misverstande en oordele in die Bybel omtrent die aartsvaders.

Toe God vir Abraham beveel het om sy enigste seun, Isak, te offer het sommiges gesê dat dit vir Abraham baie moeilik moes gewees het, om gehoorsaam te wees. Hulle sê iets soos die volgende: God het hom drie dae toegelaat om na die Berg Moria te gaan, om Abraham se geloof te toets; onderweg het Abraham sekerlik genoeg tyd gehad om groot angs te ervaar, en om te dink of hy God se bevel moet gehoorsaam of nie. Aan die einde het hy egter gekies, om God se Woord te gehoorsaam.

Het Abraham regtig sulke probleme gehad? Hy het die volgende oggend vroeg vertrek, sonder om sy vrou, Sarah, te raadpleeg. Hy het God, wie dooies kon opwek, se krag en goedheid volkome vertrou. Vir hierdie rede kon hy sy seun, Isak, sonder huiwering gee. God het sy innerlike hart gesien, en sy geloof en liefde erken. As gevolg hiervan, het Abraham die vader van geloof geword, en hy was 'n 'vriend van God' genoem.

Indien 'n persoon nie die geloof en gehoorsaamheidsvlak verstaan wat God kan verheerlik nie, sal hy misverstande omtrent sulke dinge hê, omdat hy binne sy beperkte hart en standaard van geloof dink. Ons kan hulle verstaan, wie God tot die uiterste liefhet en verheerlik, tot die mate dat ons, ons sondes verwerp en 'n hart van gees ontwikkel.

Om 'n Man van Gees te Word

God is gees, en dus wil Hy hê dat Sy kinders ook mense van gees moet word. Nou wat moet ons doen om 'n man van gees te word; wie se gees die meester oor sy siel en liggaam word? Bo alles, moet ons die gedagtes van onwaarheid verwerp, naamlik vleeslike gedagtes, sodat ons nie deur Satan beheer sal word nie. In plaas daarvan, moet ons die stem van die Heilige Gees hoor, wie ons hart deur die Woord van waarheid aanraak. Ons moet toelaat, dat ons siel daardie stem volkome gehoorsaam. Wanneer ons na die Woord van God luister, moet ons dit met 'n 'Amen' aanvaar en ernstig bid, totdat ons die geestelike betekenis van Sy Woord verstaan.

Deur dit te doen, indien ons die volheid van die Heilige Gees ontvang, sal ons gees die meester word, en ons kan by die geestelike dimensie arriveer, en elke dag met God te kommunikeer. Op hierdie wyse, wanneer die siel die meester en die gees gehoorsaam, en volkome soos 'n slaaf optree, dan sê ons dat ons siel is 'voorspoedig'. Wanneer ons siel voorspoedig is, sal ons met alles floreer en ook gesond wees.

Indien ons die handelinge van die siel duidelik verstaan, en dit op 'n manier herwin, soos wat God dit wil hê, dan sal ons nie meer enige opstokery van Satan ontvang nie. Op hierdie wyse, kan ons die verlore beeld van God herwin, wat Adam deur sy val veroorsaak het. Dan, sal die orde tussen gees, siel en liggaam behoorlik gevestig word, en ons kan ware kinders van God word.

Dan kan ons selfs verby die vlak van die lewende gees, wat Adam se vlak was, gaan. Ons sal nie alleenlik die mag en krag om oor alles te regeer, ontvang nie, maar ons sal ook die ewige vreugde en blydskap in die hemelse koninkryk geniet, wat op 'n hoër vlak as die Tuin van Eden is. Soos in 2 Korintiërs 5:17 gesê word, "Iemand wat aan Christus behoort, is 'n nuwe mens. Die oue is verby, die nuwe het gekom," ons sal 'n volkome nuwe skepsel in die Here word.

Lewende Gees en Ontwikkelde Gees

Wanneer ons God se gebooie gehoorsaam, wat vir ons vertel om sekere dinge nie te doen nie, en om sekere dinge na te kom, beteken dit ons pleeg nie die werke van die vlees nie, en ons hou onsself in die waarheid. Tot hierdie selfde mate, word ons toenemend mense van gees. Solank as wat ons mense van vlees is, wie onwaarheid bedryf, mag ons verskeie probleme ondervind of siektes opdoen, maar sodra ons mense van gees geword het, sal ons in alles voorspoedig wees en sal ons gesond wees.

Ook, as ons die kwaad verwerp, soos wat God ons vertel om sekere dinge te verwerp, sal ons 'dinge van die vlees' en vleeslike gedagtes afgebreek word, sodat ons siel tot die waarheid sal behoort. Indien ons slegs in die waarheid dink, sal ons die stem van die Heilige Gees duideliker hoor. Indien ons ten volle bly by God se gebooie wat vir ons vertel om dit te onderhou, of nie, of sekere dinge te verwerp, kan ons gereken word as mense van die gees, omdat ons geen onwaarhede in ons sal hê nie. Verder, indien ons ten volle die gebooie van God ten uitvoer bring, wat vir ons vertel om sekere dinge te doen, sal ons mense van volkome gees word.

Verder, daar is 'n groot verskil tussen hierdie mense van gees en Adam, wie 'n lewende gees was. Adam het nooit enigiets vleesliks deur die menslike ontwikkeling ervaar nie, en daarom kan hy nie as 'n volle geestelike wese beskou word nie. Hy kon nooit enigiets verstaan omtrent hartseer, pyn, dood of skeiding wat deur vlees veroorsaak word nie. Dit beteken, hy kon nie, aan die ander kant, ware dankbaarheid of liefde ken nie. Alhoewel God hom so baie liefgehad het, kon hy daardie groot liefde nie waardeer nie. Hy het die beste dinge geniet, maar hy kon nie voel hoe gelukkig hy was nie. Hy kon nie 'n ware kind van God wees, en sy hart met God deel nie. Eers nadat iemand deur vleeslike dinge gegaan het, en kennis daarvan opgedoen het, kan hy 'n ware geestelike wese word.

Terwyl Adam 'n lewende gees was, het hy nie enigiets vleesliks ervaar nie. Dus, het hy altyd die moontlikheid gehad, om iets vleesliks en bedorwe te aanvaar. Adam se gees was nie 'n volkome en perfekte gees in die ware sin van die woord nie, maar 'n gees wat mag sterf. Dit is waarom hy 'n lewende wese genoem was, wat 'n lewende gees beteken. Dan, kan iemand vra, hoe kan 'n lewende gees Satan se versoeking aanvaar. Laat ek vir jou hier 'n sinnebeeld gee.

Veronderstel daar is twee gehoorsame kinders in 'n gesin. Een van hulle was eens op 'n tyd deur kookwater gebrand, terwyl die ander een nooit gebrand was nie. Een dag, het die moeder na 'n ketel met kookwater gewys, en vir hulle gesê om dit nie aan te raak nie. Hulle is gewoonlik baie gehoorsaam teenoor hulle moeder, dus het nie een die ketel aangeraak nie.

Een van die kinders het op 'n tyd ervaar dat 'n kokende ketel gevaarlik is, dus het hy gewilliglik gehoorsaam. Hy het ook die moeder se hart van liefde verstaan, wat altyd probeer om hulle te waarsku. Aan die ander kant, die ander kind wie nie so 'n ervaring beleef het nie, se nuuskierigheid het toegeneem, met die aanskouing van die stoom wat uit die ketel kom. Hy kon moontlik nie sy moeder se bedoeling verstaan nie. Daar bestaan altyd die moontlikheid, dat hy mag probeer om die warm ketel uit nuuskierigheid aan te raak.

Dit was dieselfde met Adam, die lewende gees, gewees. Hy het gehoor dat sondes en kwaad angswekkend is, maar hy het dit nooit ervaar nie. Daar was geen manier vir hom om presies te verstaan, wat sonde en kwaad is nie. Aangesien hy nie die relatiwiteit van dinge ervaar het nie, het hy uiteindelik die versoeking van Satan aanvaar, en uit sy eie vrye wil van die verbode vrugte geëet.

Anders as Adam, die lewende gees wie nooit die relatiwiteit van verskillende dinge verstaan nie, wil God ware kinders hê wie nadat hulle die vlees ervaar het, harte van gees het, en wie nooit hulle gedagtes onder enige omstandighede sal verander nie. Hulle verstaan die teenstelling tussen vlees en gees baie goed. Hulle het sondes, en kwaad, pyn en hartseer van hierdie wêreld ervaar, dus weet hulle hoe pynlik, vieslik en betekenisloos vlees is. Ook, hule ken gees ook baie goed, wat die teenoorgestelde van vlees is. Hulle weet hoe mooi en goed dit is. So, uit hulle eie vrye wil, sal hulle nooit weer vlees aanvaar nie. Dit is die verskil tussen die lewende gees en die ontwikkelde gees.

'n Lewende gees sal net onvoorwaardelik gehoorsaam, terwyl die ontwikkelde gees uit die hart sal gehoorsaam, na die ervaring van beide goed en kwaad. Verder, daardie mense van gees wie alle sondes en kwaad verwerp het, sal die seën ontvang om die derde koninkryk van die Hemel in te gaan, tussen verskillende woonplekke in die Hemel, terwyl mense van volkome gees die stad van Nuwe Jerusalem sal ingaan.

Geestelike Geloof is Ware Liefde

Sodra ons eers mense van gees geword het, in die vooruitgang van ons geloof, sal ons in staat wees om die blydskap en vreugde van 'n volkome verskillende omvang te ervaar. Ons sal ware vrede in ons hart hê. Ons sal altyd juig, bid sonder ophou en vir alles dank betuig, soos in 1 Tessalonisense 5:16-18. Ons verstaan die hart en wil van God deur vir ons ware vreugde te gee, dus kan ons vir God liefhê, met ware harte en teenoor Hom baie dank verskuldig is.

Ons het gehoor dat God liefde is, maar voordat ons mense van gees geword het, kon ons nie regtig daardie liefde ken nie. Eers nadat ons die voorsienigheid van God deur die proses van die menslike ontwikkeling verstaan, kan ons werklik verstaan dat God self liefde is, en hoe ons Hom bo alles moet liefhê.

Solank as wat ons nie die vlees uit ons harte verwerp nie, is ons liefde en dank nie betroubaar nie. Selfs, al sê ons dat ons vir God liefhet en teenoor Hom dankbaar is, kan ons die verloop van ons lewe verander, indien dinge ons nie langer bevoordeel nie. Ons sê dat ons dankbaar is wanneer dit goed gaan, maar ons vergeet spoedig na die verloop van tyd die genade. Indien daar verskillende dinge voor ons opduik, eerder as om die genade te onthou, raak ons gefrustreerd of selfs kwaad. Ons vergeet ons dankbaarheid en genade, wat ons ontvang het.

Die dankbetuiging van mense van gees kom uit die diepte van hulle harte, dus verander dit nooit selfs met die verloop van tyd. Hulle verstaan die voorsienigheid van God, wie menslike wesens ontwikkel, ten syte van al die ondraaglike pyne wat daarmee gepaard gaan, en hulle betuig waarlike dank uit die diepte van hulle harte. Ook, hulle het die Here Jesus waarlik lief en betuig dank teenoor Hom, wie die kruis vir ons opgeneem het, en die Heilige Gees wie ons na die waarheid gelei het. Hulle liefde en dank verander nooit.

Na Heiligheid

Deur sondes was mense bedorwe, maar nadat hulle Jesus Christus aanneem en die genade van saligheid ontvang, kan hulle deur die geloof en krag van die Heilige gees verander. Hulle kan dan verby die vlak van die lewende gees gaan. Tot die mate wat die onwaarhede hulle verlaat en hulle met die waarheid gevul word, kan hulle mense van gees word, deur heiligheid in hulle tot stand te bring.

In die meeste gevalle, wanneer mense sondige dinge sien, kombineer hulle dit met hulle eie onwaarhede, en daardeur voel en dink hulle op 'n sondige wyse. Op hierdie wyse, voel hulle geneig om sondige dade te doen. Hulle wie heilig is, het geen onwaarhede in hulle nie, en daarom kom geen sondige gedagtes of sondige dade uit hulle te voorskyn nie. Hulle sien eerstens geen sondige dinge nie, maar selfs indien dit gebeur dat hulle daardie dinge sien, het hierdie dinge geen verbintenis met sondige gedagtes of dade nie.

Ons kan kan gereken word om geheilig te wees, indien ons 'n suiwer hart ontwikkel het, sonder enige vlek of merk daaraan, deur selfs die kwaad uit te roei wat diep in ons hart geplaas was. Hulle wie slegs geestelike gedagtes het, naamlik hulle wie sien, hoor, praat en slegs in die waarheid handel, is die ware kinders van God wie verby die vlak van die gees beweeg het.

Soos opgeteken in 1 Johannes 5:18, "Ons weet dat iemand wat 'n kind van God is, nie meer sondig nie, maar die Seun van God bewaar hom, en die duiwel kry geen houvas op hom nie," in die geestelike koninkryk is krag sondeloosheid. Om geen sonde te hê, is heiligheid. Vir hierdie rede kan ons die mag wat aan die lewende gees, Adam, gegee was herwin, en die vyandige duiwel en Satan verslaan en oorwin, tot die mate wat ons sondes verwerp.

Wanneer ons eers mense van gees geword het, kan die die duiwel ons selfs nie eers aanraak nie, en wanneer ons mense van volkome gees geword het en goedheid en liefde opgebou het, sal ons in staat wees om kragtige werke van die Heilige Gees en ander groot en magtige dinge uit te voer.

Ons kan mense van gees en volkome gees word, deur heilig te word (1 Tessalonisense 5:23). Indien ons aan God dink wie die mensdom ontwikkel, en hulle vir so 'n lang tyd verdra, om ware kinders te verkry, dan kan ons verstaan dat die betekenisvolste ding in die lewe is, is om mense van gees en volkome gees te word.

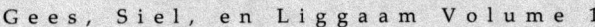
Gees, Siel, en Liggaam Volume 1

Deel 3

Herwinning van die Gees

Is Ek 'n Persoon van Vlees of van Gees?
Hoe Verskil Gees en Volkome Gees?

Jesus het geantwoord: "Dit verseker Ek jou: As iemand nie uit water en Gees gebore word nie, kan hy nie in die koninkryk van God God kom nie. Wat uit die mens gebore is, is mens; en wat uit die Gees gebore is, is gees."
(Johannes 3:5-6)

Hoofstuk 1
Gees en Volkome Gees

Omdat hulle geeste dood is, benodig die mensdom saligheid. Ons Christelike lewe is die proses van die gees om op te groei, nadat dit opgewek is.

Wat is Gees?

Om die Gees te Herwin

Die Groeiproses van die Gees

Ontwikkeling van Goeie Grond

Die Spore van Vlees

Bewyse van Volkome Gees

Seëninge aan die Mense van Gees en Volkome Gees Gegee

Die mens se gees het as gevolg van Adam se sonde gesterf. Vanaf daardie tyd verder, het hulle siele die meester geword. Hulle het aanhoudend die onwaarhede aanvaar, en hulle wellus gevolg. Uiteindelik kon hulle nie saligheid ontvang nie. Aangesien hulle deur die siel beheer word, wat onder Satan se invloed is, pleeg hulle sondes en gaan Hel toe. Dit is waarom alle mense gered moet word. God soek na ware kinders wie deur die menslike ontwikkeling gered is, naamlik Hy is opsoek na mense van gees en volkome gees.

Soos wat 1 Korintiërs 6:17 sê, "Maar wie hom met die Here verenig, is geestelik een met Hom," God se ware kinders is diegene wie met Jesus Christus in die gees verenig is.

Wanneer ons Jesus Christus aanneem, begin ons met die hulp van die Heilige Gees, in die waarheid lewe. Indien ons tot 'n groot mate in die waarheid lewe, beteken dit dat ons mense van gees geword het, wie 'n hart soos die Here het. Dit is wanneer ons een gees met die Here vorm. Selfs al het ons een gees geword, nogtans is God se gees en die mense se gees heeltemal verskillend van mekaar. God is self gees sonder 'n fisiese liggaam, maar mense se gees is in 'n fisiese liggaam ingesluit. God het die geestelike vorm wat aan die hemel behoort, terwyl mense 'n geestelike vorm in 'n fisiese liggaam het, wat uit die stof van die grond geskep is. Daar is sekerlik 'n groot verskil, tussen God die Skepper en menslike wesens wie skeppers is.

Wat is Gees?

Baie mense dink die woord 'gees' is wisselbaar met die woord 'siel'. The Merriam-Webster's Woordeboek sê gees is "'n besielende of essensiële grondbeginsel om lewe aan fisiese organismes te gee, of 'n bonatuurlike wese of krag". Die gees wat God in die vooruitsig het, is iets wat nooit sterf nie, nooit vergaan of verander, maar ewigdurend is. Dit is die lewe en die waarheid self.

Indien ons iets op hierdie aarde sou vind wat die karaktereienskappe van gees het, sal dit goud wees. Die glans verander nooit, selfs met die verloop van tyd, en dit vergaan of verander nooit. Vir hierdie rede hou God van ons vertroue in suiwer goud, en het ook die huise in die Hemel van goud en ander kosbare edelstene gebou.

Die eerste mens, Adam, het 'n deel van God se oorspronklike natuur ontvang, toe God die asem van die lewe in sy neusgate geblaas het. Hy was as 'n onvolmaakte gees geskep. Dit was omdat die moontlikheid vir hom bestaan het, om terug te gaan as 'n vleeslike wese met die karaktereienskappe van die grond. Hy was nie 'gees' alleen nie. Hy was 'n 'lewende gees' wat 'n 'lewende wese' was.

Vir watter rede het God vir Adam as 'n lewende gees geskep? Dit is omdat Hy wou gehad het dat Adam verby die dimensie van die lewende gees moet gaan, deur die vleeslike deur menslike ontwikkeling te ervaar, en vervolgens as 'n mens van volkome gees voort te gaan. Dit was nie alleenlik op Adam van toepassing nie, maar dit is ook van al sy afstammelinge waar. Vir hierdie rede het God voor die ontstaan van tyd die Redder, Jesus, asook die Helper, die Heilige Gees, voorberei.

Om die Gees te Herwin

Adam het in die Tuin van Eden as 'n lewende gees gelewe, vir 'n onmeetbare periode van tyd, maar uiteindelik is sy kommunikasie met God beëindig, as gevolg van sy sonde. Op daardie stadium, het Satan begin om kennis van onwaarhede deur sy siel in hom te plant. Gedurende hierdie proses het die geestelike kennis soos deur God voorsien, begin om te verdwyn, en is dit deur die inhoud van die vlees, wat die kennis van onwaarheid is, soos deur Satan voorsien, vervang.

Met die verloop van tyd, het die inhoud van die vlees die mens toenemend gevul. Die onwaarheid het die saad van die lewe in die mens omring en versmoor. Dit was asof onwaarheid die saad van die lewe beperk en inperk, sodat dit heeltemal onaktief word. By die punt waar die saad van die lewe heeltemal onaktief word, sê ons dat die gees 'dood' is. Deur te sê dat die gees dood is, beteken dat die Lig van God wat die saad van die lewe aktief kan maak, verdwyn het. Nou, wat moet ons doen, om die dooie gees weer op te wek?

Eerstens moet ons uit water en Gees gebore word.

Wanneer ons na die Woord van God luister, wat die waarheid is en Jesus Christus aanneem as ons persoonlike Redder, gee God vir ons die Heilige Gees as geskenk in ons harte. Jesus sê, in Johannes 3:5, "Dit verseker Ek jou: As iemand nie uit water en Gees gebore word nie, kan hy nie in die koninkryk van God kom nie." Hieruit, kan ons sien dat ons slegs gered kan word, nadat ons uit water gebore is, wat die Woord van God en die Heiliige Gees is.

Die Heilige Gees kom in ons harte en veroorsaak, dat ons saad van die lewe weer aktief word. Dit is die herlewing van ons dooie gees. Hy help ons om die onwaarhede van die vlees te verwerp, die vals werke van die siel te vernietig, en voorsien ons met die kennis van waarheid. Indien ons nie die Heilige Gees ontvang nie, kan ons dooie gees nie opgewek word nie, en kan ons ook nie die geestelike betekenis van God se Woord verstaan nie. Die woord wat ons nie kan verstaan, kan nie in ons harte geplant word nie en ons kan nie geestelike geloof daardeur verkry nie. Ons kan slegs geestelike begrip en geloof uit die hart hê, met die Heilige Gees se hulp. Tesame met dit, kan ons die krag ontvang om die Woord van God te beoefen, en daarvolgens te lewe wanneer ons bid. Sonder Sy hulp deur gebede, is daar geen krag om die Woord te beoefen nie.

Tweedens moet ons voortdurend die lewe skenk aan die gees deur die Gees.

Wanneer ons dooie gees opgewek is deur die Heilige Gees te ontvang, moet ons aanhou om ons gees met die kennis van waarheid te vul. Dit is om die lewe te skenk, aan die gees deur die Gees. Indien ons hard met die hulp van die Heilige Gees bid, om teen die sondes te stry tot die punt van bloedstorting, sal die kwaad en onwaarhede in die hart verdwyn. Verder, tot die mate wat ons die kennis van waarheid, soos deur die Heilige Gees voorsien, aanvaar, soos liefde, goedheid, betroubaarheid, nederigheid, en ootmoed, sal ons toenemend meer waarheid en goedheid in ons harte hê. Met ander woorde, om die waarheid deur die Heilige Gees te aanvaar, is om die stappe wat agteruit geneem was, deur die proses van die mensdom wat bedorwe geraak het sedert Adam se val, weer reg te stel.

Daar is egter mense, wie die Heilige Gees ontvang het, maar nie hulle harte verander nie. Hulle volg nie die begeertes van die Heilige Gees nie, maar gaan voort om sondig te lewe, deur die begeertes van die vlees te volg. Aan die begin probeer hulle om die sondes te verwerp, maar vanaf 'n sekere punt en tyd word hulle louwarm in hulle geloof, en stop die stryd teen die sondes. Vanaf die oomblik wat hulle die stryd teen die sondes stop, word hulle deur die wêreld begunstig of pleeg sondes. Hulle harte wat stelselmatig suiwer en wit geword het, word weer met sonde bevlek. Selfs, alhoewel ons die Heilige Gees ontvang het, indien ons harte aanhoudend met onwaarhede deurweek word, kan die saad van die lewe geen krag verkry nie.

1 Tessalonisense 5:19 waarsku ons en sê, "Moenie die Heilige Gees teenstaan nie." Ons mag 'n stadium bereik waar ons 'n naam het dat ons lewe, maar solank as wat ons nie onsself verander,

nadat ons die Heilige Gees ontvang het, is ons dood (Die Openbaring 3:1). So, selfs al het ons die Heilige Gees ontvang, sal die Heilige Gees geleidelik teengestaan word, indien ons aanhou om in sondes en kwaad te lewe.

Daarom, moet ons voortdurend probeer om ons harte te verander, totdat dit 'n hart van volkome waarheid word. In 1 Johannes 2:25 sê dit, "En dit is wat die Seun ons belowe het: die ewige lewe." Ja, God het aan ons 'n belofte gemaak. Daar is egter 'n voorwaarde aangeheg.

Dit is, dat ons met die Here en God moet verenig, deur die Woord van God te beoefen, omdat God ons die ewige lewe belowe het. Ons kan nie saligheid ontvang, selfs al sê ons dat ons in die Here glo, tensy ons volgens God en die Here lewe.

Die Groeiproses van die Gees

Johannes 3:6 sê, "Wat uit die mens gebore is, is mens; en wat uit die Gees gebore is, is gees." Soos geskrywe, ons kan nie lewe aan die gees skenk, solank as wat ons vleeslik is nie.

Daarom, wanneer ons eenkeer die Heilige Gees ontvang het, en ons dooie gees opgewek is, moet die gees aanhou groei. Wat, indien 'n baba nie behoorlik opgroei nie of geensins verder groei nie? Die kind sal nie in staat wees om 'n normale lewe te lei nie. Dit is dieselfde met die geestelike lewe. Daardie kinders van God wie die lewe verkry het, moet aanhou om hulle geloof te verbeter en hulle geeste laat groei.

Die Bybel vertel vir ons dat elke persoon se mate van geloof verskillend is (Romeine 12:3). In 1 Johannes 2:12-14, vertel dit vir ons van die verskillende geloofsvlakke, en kategoriseer dit in die geloof van klein kinders, kinders, jongmense en vaders:

Ek skrywe vir julle, liewe kinders, omdat julle sondes vergewe is in die Naam van Jesus. Ek skrywe vir julle vaders, omdat julle Jesus ken wat van die begin af daar was. Ek skrywe vir julle, jongmense, omdat julle die Bose oorwin het. Ek het vir julle geskrywe, kinders, omdat julle die Vader ken. Ek het vir julle geskrywe, vaders, omdat julle Jesus ken wat van die begin af daar was. Ek het vir julle geskrywe, jongmense, omdat julle sterk is en die Woord van God in julle bly en julle die Bose oorwin het.

Tot die mate wat ons onsself verander om 'n ware hart te hê, gee God vir ons van bo, die geloof. Dit is die geloof waarmee ons in ons hart kan glo, wat is, 'om die lewe te skenk aan die gees deur die Gees'. Dit is wat die Heilige Gees doen: die Heilige Gees laat ons toe om die lewe te skenk aan die gees en help ons om ons geloof the verhoog. Die Heilige Gees kom in ons harte en leer ons omtrent sonde, regverdigheid en oordeel (Johannes 16:7-8). Hy help ons om in Jesus Christus te glo.

Hy help ons ook om die geestelike betekenis, soos in die Woord van God saamgevat, te besef, en dit in ons hart te aanvaar. Met hierdie proses, kan ons die beeld van God herwin en ware kinders van God word, wie die mense van gees en volkome gees is.

Vir ons gees om te groei, moet ons eerstens ons vleeslike gedagtes afbreek. Vleeslike gedagtes ontstaan, wanneer die onwaarhede in ons harte voortkom deur die siel se oneerlike handeling. Byvoorbeeld, indien jy kwaad in jou hart het en jy hoor dat iemand van jou skinder, sal jy eerstens oneerlike handelinge van die siel hê. Jy sal vleeslike gedagtes hê, deur te dink dat die persoon onbeskof is, en jy voel beledig en ander negatiewe gevoelens mag te voorskyn kom.

Op hierdie stadium is dit Satan wat die siel beheer. Satan is die een wie die sondige gedagtes inplant. Deur hierdie handelinge van die siel, word die onwaarheid in die hart wat die dinge van die vlees is, soos humeur, haat, hardvogtigheid en hoogmoed aangewakker. Anders as om te probeer om ander te verstaan, sal jy eerder verkies om die persoon dadelik te konfronteer.

Hierdie dinge van die vlees wat vroeër gemeld was, behoort ook tot die vleeslike gedagtes. Indien iemand se eiegeregtigheid, eievoorstellings of eie teorie te voorskyn kom, deur die siel se handelinge, is hulle ook dinge van die vlees. Veronderstel 'n persoon het 'n soort raamwerk van denke, waarvolgens hy glo dat dit reg is, om nie in die geloof te skik nie. Dan sal hy net aanhou dink dat sy idees korrek is, en die vrede met ander verbreek, selfs in situasies waar hy ander se geloofsvlakke en omstandighede behoort in ag te neem. Ook, veronderstel 'n persoon het 'n bepaalde ingesteldheid omtrent 'n sekere onderwerp, en glo dat dit moeilik sal wees om iets te bereik, inaggenome die werklikheid van die situasie. Dan word dit ook as 'n vleeslike gedagte beskou.

Selfs nadat ons die Heilige Gees ontvang het, deur die Here Jesus aan te neem, het ons nog steeds vleeslike gedagtes tot die mate wat ons vlees het, wat ons nog nie verwerp het nie. Ons het geestelike gedagtes wanneer ons die kennis van die waarheid, wat die Woord van God is, herwin, maar ons het vleeslike gedagtes wanneer die kennis van onwaarheid herwin word. Die Heilige Gees kan nie die kennis van die waarheid mobiliseer, tot dieselfde mate wat ons hiedie vleeslike gedagtes het nie.

Dit is waarom Romeine 8:5-8 lees, "Dié wat hulle deur hulle sondige natuur laat beheers, hou hulle besig met die dinge van die sondige natuur, maar dié wat hulle deur die Gees laat beheers, hou hulle besig met die dinge van die Gees. Die dinge waarmee die sondige natuur van die mens hom besig hou, loop uit op die dood, maar die dinge waarmee die Gees Hom besig hou, bring lewe en vrede. Die dinge waarmee die sondige natuur van die mens hom besig hou, is immers vyandskap teen God. Die sondige natuur onderwerp hom nie aan die wet van God nie, dit kan trouens ook nie. Dié wat hulle deur hulle sondige natuur laat beheers, kan nie die wil van God doen nie."

Hierdie gedeelte gee te kenne dat ons kan die geestelikevlak bereik, slegs wanneer ons, ons vleeslike gedagtes verbreek. Hulle wie vleeslik bly, kan dit nie verhelp dat hulle vleeslike gedagtes het, en as gevolg daarvan het hulle gedagtes, woorde en houdings wat teen God is.

Een van die duidelikste voorbeelde van om teen God te staan, as gevolg van vleeslike gedagtes, is die geval van Koning Saul in 1 Samuel 15. God het hom beveel, om Amalek aan te val en alles daar te vernietig. Dit was 'n gedeelte van die straf wat hulle moes ontvang, omdat hulle teen God opgestaan het, vir 'n groot deel in die verlede.

Nadat Saul die veldslag gewen het, het hy al die goeie lewendehawe saamgebring en gesê, dat hy dit vir God wil gee.

Hy het ook die koning van Amalek gevange geneem, in plaas daarvan om hom te verdelg. Hy wou met sy optredes spog. Hy was ongehoorsaam, omdat hy vleeslike gedagtes gehad het, wat te voorskyn gekom het, vanaf sy gulsigheid en verwaandheid. Aangesien sy oë deur sy gulsigheid en verwaandheid verblind was, het hy voortgegaan om sy vleeslike gedagtes te gebruik, en uiteindelik 'n ellendige dood gesterf.

Die fundementele oorsaak van vleeslike gedagtes, is dat ons onwaarhede in ons harte het. Indien ons slegs die kennis van waarheid in ons hart het, kan ons nooit vleeslike gedagtes hê nie. Hulle wie geen geen vleeslike gedagtes het nie, sal natuurlik slegs geestelike gedagtes hê. Hulle gehoorsaam die stem en die leiding van die Heilige Gees, dus kan God hulle liefhê, terwyl hulle Sy werke ervaar.

So dit is 'n werklikheid dat ons ywerig ons onwaarhede moet verwerp, en onsself met die kennis van waarheid moet vul, wat die Woord van God is. Om onsself met die kennis van die waarheid te vul, beteken nie alleenlik dat ons dit uit ons hoofde moet ken nie, maar ons moet ook ons harte ontwikkel en met die Woord van God vul. Terselfdertyd moet ons, ons eie gedagtes met geestelike gedagtes vervang. Wanneer ons met ander op mekaar inwerk of sekere gebeurtenisse sien, moet ons nie oordeel en afkeure passeer, as gevolg van ons eie uitgangpunt nie, maar probeer om hulle in die waarheid te sien. Ons moet konstant kontroleer of ons ander met goedheid, liefde en betroubaarheid tydens elke oomblik behandel het, sodat ons dit kan verander. Op hierdie wyse kan ons geestelike groei ervaar.

Ontwikkeling van Goeie Grond

Spreuke 4:23 sê, "Wees veral versigtig met wat in jou hart omgaan, want dit bepaal jou hele lewe." Dit sê dat die bron van die lewe, wat vir ons die ewige lewe gee, kom uit die hart. Ons kan slegs die vrugte oes, nadat ons die saad gesaai het, sodat dit kan opskiet, blom en vrugte oplewer. Baie op dieselfde manier, kan ons die geestelike vrugte voortbring, eers nadat die saad van God se Woord op die veld in ons hart geval het.

Die Woord van God, wat die bron van die lewe is, het twee soorte funksies wanneer dit in die hart gesaai word. Dit ploeg die sondes en onwaarhede uit die hart en help vrugte voortbring. Die Bybel bevat baie bevele, maar die bevele sorteer onder een van vier kategorië: Doen; moenie doen nie; bewaar; en verwerp sekere dinge. Byvoorbeeld die Bybel vertel vir ons om gulsigheid en alle vorme van kwaad 'te verwerp'. Ook, voorbeelde van 'moenie doen nie' kan 'moenie haat', of 'moenie oordeel' wees. Indien ons hierdie bevele gehoorsaam, sal die sondes uit ons harte uitgeroei word. Dit beteken die Woord van God kom in ons hart en ontwikkel dit in goeie grond.

Dit sal egter nutteloos wees, indien ons stop nadat die grond geploeg is. Ons moet die saad van die waarheid en goedheid saai, in die geploegde grond sodat ons die nege vrugte van die Heilige Gees kan voortbring, en die seëninge van die saligheid en geestelike liefde kan dra. Om die vrugte te dra, is om die bevele te gehoorsaam, wat vir ons vertel om sekere dinge te bewaar en te doen. Indien ons God se bevele bewaar en beoefen, kan ons uiteindelik die vrugte dra.

Die proses om 'n man van gees te word, soos vermeld in die eerste deel van hierdie hoofstuk onder 'Ontwikkeling', is dieselfde as om die grond van jou hart te ontwikkel. Ons verander die onontwikkelde veld na 'n veld met goeie grond deur die grond te ploeg, die klippe te verwyder, en die onkruid ui te roei. Net so, moet ons al die werke en dinge van die vlees verwerp, in gehoorsaamheid tot God se Woord wat vir ons vertel om sekere dinge 'Nie te doen nie' en Te verwerp'. Elke persoon het verskillende soorte sonde. So, indien ons die wortel van die kwaad uitroei, wat ons die moeilikste vind om te verwerp, sal al die ander gepaardgaande vorme van kwaad saam uitgeroei word. Byvoorbeeld, indien 'n persoon wie 'n groot mate van jaloesie het, dit toepas, sal ander vorme van sonde soos haat, skinder en valsheid ook te voorskyn kom.

Wanneer ons die penwortel van toorn uitroei, sal ander vorme van kwaad soos irritasie en frustrasie ook uitgeroei word. Indien ons bid en probeer om toorn te verwerp, gee God vir ons genade en krag, terwyl die Heillige Gees ons help om dit te verwerp. Soos wat ons aanhou om die Woord van waarheid in ons daaglikse lewens toe te pas, sal ons die volheid van die Heilige Gees ontvang en die druk van die vlees sal verswak. Veronderstel jy word tien keer per dag kwaad, maar die herhaling word verminder na nege keer, sewe keer, en vyf keer, uiteindelik sal dit verdwyn. Deur so te maak, indien ons, ons hart in goeie grond verander, deur alle sondige nature te verwerp, sal hierdie hart 'n hart van 'gees' word.

Bowenal, moet ons die Woord van waarheid plant, wat vir ons vertel om sekere dinge te doen en te bewaar, soos om lief te hê, te vergewe, ander te dien en om die Sabbatdag te heilig. Ons begin nie om onsself met die waarheid te vul, voordat ons alle onwaarhede verwerp het nie. Verwerping van onwaarhede en die vervanging daarvan met waarhede, moet terselfdertyd plaasvind. Eers wanneer ons slegs die waarheid in ons hart deur hierdie proses het, kan ons beskou word dat ons 'n persoon van gees geword het.

Een van die dinge wat ons moet verwerp om 'n persoon van gees te word, is die sonde wat in ons oorspronklike natuur is. Om dit met grond te vergelyk, hierdie sondes van die oorspronklike natuur is soos die grond se kenmerke. Hierdie sondes word vanaf die ouers na die kinders oorgedra, deur lewensenergie, wat ook 'chi' genoem word. Ook, indien ons in kontak kom met sondige dinge gedurende ons groeityd en dit aanvaar, word ons natuur al sondiger. Die sonde in ons oorspronklike natuur word nie onder gewone omstandighede geopenbaar nie, en dit is moeilik om dit te besef.

Dus, selfs indien ons alle sondes en kwaad verwerp het, wat blykbaar op die oppervlakte is, is die verwerping van die sonde diep in jou natuur, nie iets om maklik ten uitvoer te bring nie. Om dit te bewerkstellig, moet ons ywerig bid, en 'n ernstige poging aanwend om dit uit te vind en te verwerp.

In sommige gevalle kom daar 'n stilstand aan ons geestelike groei, nadat ons 'n sekere punt bereik het. Dit is as gevolg van ons sondige natuur. Om die onkruid te verwyder, moet ons hulle wortels uitroei, en nie alleenlik die blare en stingels nie. Op dieselfde wyse, kan ons 'n hart van gees verkry, slegs nadat ons dit ook besef en die sonde in ons natuur verwerp. Eers wanneer ons op hierdie wyse 'n persoon van gees geword het, sal ons gewete die waarheid self wees en ons hart sal slegs met die waarheid gevul wees. Dit beteken dat ons hart sal self gees word.

Die Spore van Vlees

Mense van gees het geen sonde in hulle hart, en aangesien hulle met die Gees gevul is, is hulle altyd gelukkig. Dit is nie volledig nie. Hulle het steeds 'spore van vlees'. Spore van vlees hou verband met die persoonlikhede of oorspronklike natuur van elke persoon. Byvoorbeeld, sommiges is betroubaar, regverdig en openhartig, maar het 'n tekort aan grootmoedigheid en medelye. Sommige ander mag vol liefde wees en dit geniet om aan ander te gee, maar hulle mag dalk te emosioneel wees, of hulle woorde en gedrag mag dalk te grof wees.

Aangesien hierdie karaktereienskappe as spore van die vlees in hulle persoonlikhede oorbly, bly dit hulle steeds affekteer, selfs nadat hulle geestelik geword het. Dit is baie dieselfde as klere met ou vlekke. Die oorspronklike kleur van die materiaal kan nie ten volle herwin word nie, selfs al word dit deur ons kragtig gewas. Hierdie spore van die vlees kan nie as sondig beskou word nie, maar ons moet dit verwerp en volledig met die nege vrugte van die Gees gevul word, wat ons in staat stel om volkome gees te word. Ons kan sê dat 'n hart sonder enige onwaarhede, soos 'n goed-geploegde land, is 'gees'. Wanneer saad in 'n goed ontwikkelde hartland gesaai was, en pragtige geestelike vrugte voortbring, dan kan ons hierdie hart as 'n hart van 'volkome gees' beskou.

Toe Koning Dawid geestelik geword het, het God 'n beproewing vir hom toegelaat. Een dag het Dawid vir Joab opdrag gegee, om 'n sensus te doen. Dit beteken dat die getal mense wie oorlog toe kan gaan, getel moes word. Joab het geweet dat dit nie in God se oë reg is om te doen nie, daarom het hy probeer om Dawid af te raai, om dit te doen. Dawid wou egter nie luister nie. As gevolg hiervan het God se toorn gekom, en baie mense het weens pessiekte gesterf.

Dawid het die wil van God baie goed geken, so hoe kon hy veroorsaak dat so iets gebeur? Dawid was deur Koning Saul vir 'n baie lang periode agtervolg, en het in baie veldslae teen die nie-Jode geveg. Hy was eens op 'n tyd agtervolg, en sy lewe was deur sy eie seun bedreig. Na die verloop van 'n lang periode, soos wat sy politieke krag baie massief geword het, en die krag van sy nasie gegroei het, het hy begin verslap, en sy gedagtes gemaklik. Hy wou toe net oor sy groot getal mense in sy land spog.

Soos dit in Eksodus 30:12 opgeteken is, "Wanneer jy die Israeliete tel, moet elkeen wanneer hy getel word, 'n versoenningsoffer vir sy lewe aan My, die Here, offer. Dan sal hy nie deur 'n ramp getref word wanneer hy getel word nie," God het een keer vir die seuns van Israel opdrag gegee, om na die Eksodus 'n sensus te doen, maar dit was om daardie mense te organiseer. Elkeen van hulle moet 'n soenoffer vir hulleself aan die HERE gee, om hulle daaraan te herinner dat elkeen se lewe bestaan deur God se beskerming, sodat hulle nederig sal bly. Die opneem van 'n sensus op sigself, is nie 'n sonde nie; dit kan gedoen word wanneer nodig. God vereis nederigheid voor

Hom, deur die erkenning van die feit dat die krag om baie mense te hê, van God afkomstig is.

Dawid het 'n sensus gedoen, selfs alhoewel dit nie deur God beveel was nie. Dit in wese was om sy hart te openbaar, dat hy nie op God vertrou nie maar op mense, deur groot getalle mense te hê, beteken dat hy baie soldate het en sy nasie was sterk. Toe Dawid sy fout besef, het hy dadelik bely, maar hy was al reeds op die pad van groot beproewinge. Pessiekte het oor die hele land van Israel gekom, sodat 70,000 mense oombliklik dood is.

Natuurlik, dat so baie mense gesterf het, was nie alleenlik aan Dawid se verwaandheid te wyte nie. 'n Koning mag enige tyd 'n sensusopname doen, en sy bedoeling was nie om te sondig nie. Daarom, uit 'n menslike oogpunt kan ons nie sê, dat hy gesondig het nie. Maar volgens die volmaakte God, mag Hy sê dat Dawid nie volkome op God vertrou het nie en verwaand was.

Daar is sommige dinge wat volgens die mense nie as sondig beskou word nie, maar volgens die volmaakte God, kan dit as sondig gereken word. Dit is die 'spore van die vlees' wat agterbly, nadat jy heilig word. God het so 'n beproewing oor die land Israel, deur Dawid toegelaat, om hom sodoende meer volmaak te kry, deur sulke spore van vlees te verwyder. Die fundamentele rede waarom die pessiekte oor die land Israel gekom het, is omdat die sondes van die mense God se toorn opgewek het. 2 Samuel 24:1 lees, Op 'n keer was die Here vertoorn op Israel. Hy het Dawid teen hulle aangehits en gesê: "Gaan tel die Israeliete en die Judeërs."

So, gedurende die pessiekte het die goeie mense wie gered

kon word, nie die straf ontvang nie. Hulle wie gesterf het, was diegene wie so gesondig het, dat hulle vir God onaanvaarbaar was.

Dawid het baie getreur en deeglik bely, toe hy die mense sien sterf, as gevolg van sy gedrag. Dus, vir God, het dit twee keer deur 'n enkele insident gewerk. Hy het die sondige mense gestraf, en terselfdertyd vir Dawid verfyning gebring.

Na die straf het God vir Dawid toegelaat, om 'n sondeoffer by die drempelvloer van Arauna te gee. Dawid het gedoen, wat God vir hom gesê het om te doen. Hy het daardie plek geneem en begin voorberei om die Tempel daar te bou. Dus kon ons sien, dat hy deur God se genade, herstel het. Deur hierdie beproewing, het Dawid homself selfs meer verneder, en dit was stap nader vir hom om, volkome gees te word.

Bewyse om Volkome Gees

Indien ons die vlak van volkome gees ten uitvoer bring, sal daar bewyse wees, wat beteken dat ons vrugte van gees, oorvloedig sal voortbring.

Dit beteken egter nie dat ons geen vrugte sal dra, totdat ons die vlak van volkome gees bereik het nie. Mense van gees is in die proses om vrugte van geestelike liefde, vrugte van die Lig, nege vrugte van die Heilige Gees en die Saligsprekinge te dra. Aangesien dit steeds in die draproses is, het hulle dit nog nie volkome voortgebring nie. Elke man van gees het verskillende vlakke om geestelike vrugte te dra.

Byvoorbeeld, indien iemand God se bevele gehoorsaam, wat

vir ons vertel om sekere dinge te 'bewaar' en te 'verwerp', sal hy nie enige haat of hardvogtige gevoelens in enige situasie hê nie. Daar sal egter verskille in die mate van die dra van vrugte, tussen verskillende persone van gees wees, ten opsigte van God se bevel wat vir ons vertel, om sekere dinge te 'doen'. Byvoorbeeld, God vertel vir ons om 'lief te hê'. Daar is 'n vlak waar jy net eenvoudig nie ander haat nie, terwyl daar 'n ander vlak is waar jy ander se hart, deur aktiewe diens kan aanraak. Verder, is daar 'n vlak waar jy selfs jou lewe vir ander kan gee. Wanneer hierdie soort van daad nooit verander en volmaak is, kan ons sê dat jy 'n volkome gees ontwikkel het.

Daar is ook verskille tussen elke mate, om vrugte van die Heilige Gees te dra. In die geval van mense van gees, kan iemand 'n sekere vrug tot die vlak van 50% dra, of die volledige maat en 'n ander vrug tot 70%. Een mag oorvloedige liefde hê, maar selfbeheersing kortkom, of kan 'n groot deel getrouheid hê, maar sagmoedigheid kortkom.

Mense van volkome gees, dra elke vrug van die Heilige Gees heeltemal tot die volledige maat. Die Heilige Gees raak hulle harte aan en beheer dit 100%, so hulle het eendrag met alles, sonder gebrek aan enigiets. Hulle het die brandende hartstog vir die Here terwyl hulle die volmaakte selfbeheersing het, om gepas in elke situasie op te tree.

Hulle is sagsinnig en sag soos 'n stuk katoen, en nogtans het hulle die waardigheid en mag soos 'n leeu. Hulle het die liefde om die voordeel vir ander in alles te soek, en offer hulle eie lewens vir ander, maar hulle het geen neigings nie. Hulle gehoorsaam God se regverdigheid.

Selfs wanneer God hulle beveel, om iets te doen wat volgens die mense se vermoëns blyk onmoontlik te wees, gehoorsaam hulle net met 'Ja' en 'Amen'.

Uiterlik, mag die dade van gehoorsaamheid vir beide mense van gees en mense van volkome gees dieselfde lyk, maar inderwaarheid, is dit verskillend. Mense van gees gehoorsaam omdat hulle vir God liefhet, waar mense van volkome gees gehoorsaam, omdat hulle God se hart en voorneme verstaan. Mense van volkome gees het God se kinders geword, wie Sy hart het en die volle maat van Christus in elke aspek, bereik het. Hulle streef heiligmaking na, met alles en het vrede met elkeen, en is getrou in al God se werksaamhede.

In 1 Tessalonisense 4:3 word gesê, "Dit is die wil van God dat julle heilig moet lewe. Weerhou julle van onsedelikheid." En in 1 Tessalonisense 5:23 word gesê, "Mag God, wat vrede gee, julle volkome aan Hom toegewyd maak en julle geheel en al, na gees, siel en liggaam, so bewaar dat julle onberispelik sal wees wanneer ons Here Jesus Christus weer kom."

Die Wederkoms van ons Here Jesus Christus beteken, dat Hy sal kom om al Sy kinders te neem, voor die Sewejaar Groot Beproewing. Dit beteken dat ons die vlak van volkome gees moet bereik, en onsself volledig bewaar, om die Here te ontmoet, voordat dit gebeur. Wanneer ons eers die volkome gees ten uitvoer gebring het, sal ons siel en liggaam aan die gees behoort en, vlekkeloos wees, sal ons in staat wees om die Here te ontvang.

Seëninge aan Mense van Gees en Volkome Gees Gegee

Mense van gees se siel is voorspoedig, daarom is alle dinge met hulle voorspoedig en hulle is gesond (3 Johannes 1:2). Hulle het selfs die sondigheid diep in hulle hart verwerp, dus is hulle in die ware sin van die woord, So, hulle kan die geestelike mag, as die kinders van die Lig geniet.

Eerstens, hulle is gesond en kry nie enige siektes nie. Wanneer ons geestelik word, beskerm God ons teen siektes en ongelukke, en ons kan 'n gesonde lewe geniet. Selfs wanneer ons oud word, sal ons nie verouder of swak word nie, en ons sal nie meer plooie hê nie. Verder, wanneer ons volkome geestelik word, sal selfs die plooie verdwyn. Hulle sal jonger word en hulle sterkte herwin.

Nadat Abraham die toets om Isak te offer, geslaag het, het hy volkome geestelik geword; hy het selfs kinders op die ouderdom van 140 verwek. Dit beteken hy was verjong. Ook, Moses was nederiger en sagmoediger as enigiemand anders op die aarde, en daarom het hy energiek vir 40 jaar gewerk, nadat hy deur God op die ouderdom van 80 jaar geroep was. Selfs toe hy 120 was, "sy oë was toe nog goed en sy krag het nog nie ingegee nie" (Deuteronomium 34:7).

Tweedens, mense van gees het nie sonde in hul hart nie, so die vyandige duiwel en Satan kan nie enige toetse en beproewinge oor hulle bring nie. 1 Johannes 5:18 sê, "Ons weet dat iemand wat 'n kind van God is, nie meer sondig nie, maar die Seun van God bewaar hom, en die duiwel kry geen houvas op hom nie."

Die vyandige duiwel en Satan beskuldig mense van vlees en bring toetse en beproewinge oor hulle.

Job was aanvanklik in 'n situasie, waar hy nie al die sonde van sy natuur verwerp het nie, dus toe Satan hom voor God beskuldig het, het God hierdie toetse toegelaat, om plaas te vind. Job het sy sonde besef en bely, terwyl hy deur daardie toetse gegaan het, wat deur Satan se aantygings veroorsaak was. Nadat hy selfs die sonde in sy natuur verwerp het, en geestelik geword het, kon Satan vir Job geensins langer beskuldig nie. So, God het hom dubbeld geseën, in vergelyking met voorheen.

Derdens, mense van gees hoor duidelik die stem en ontvang die leiding van die Heilige Gees, so hulle word op die weg van voorspoed met alles gelei. Aangesien mense van gees se harte in waarheid verander het, leef hulle eintlik die Woord van God. Wat hulle ookal doen, dit is in ooreenstemming met die waarheid. Hulle word duidelik deur die Heilige Gees aangemoedig, en gehoorsaam dit. Ook, indien hulle bid sodat iets moet gebeur, hou hulle vol met onveranderlike geloof, totdat hulle gebed verhoor word.

Indien ons altyd op hierdie wyse gehoorsaam, sal God ons lei en wysheid asook begrip gee. Indien ons alles heeltemal in God se hande laat, sal Hy ons bewaar, selfs as ons per ongeluk 'n weg gaan, wat nie ooreenstem met Sy wil nie; selfs indien daar 'n gat vir ons gegrawe is, sal Hy maak dat ons rondom dit beweeg, of toesien dat dit ten goede in alles uitwerk.

Vierdens, mense van gees ontvang vinnig enigiets wat hulle

vra; hulle kan selfs die antwoord ontvang deur net iets in die hart te koester. 1 Johannes 3:21-22 sê, "Geliefdes, as ons gewete ons nie veroordeel nie, het ons vrymoedigheid om na God te gaan; en wat ons vra, kry ons van Hom omdat ons sy gebooie gehoorsaam en doen wat Hy goedvind." Hierdie seëning sal oor hulle kom.

Selfs daardie wie nie enige kundigheid of kennis het, kan nie alleenlik geestelike seëninge nie, maar ook oorvloedige materiële seëninge ontvang, deur geestelik te word, omdat God vir hulle alles sal voorberei en hulle lei.

Wanneer ons saai en met geloof vra, sal ons die seëninge ingestamp, geskud en propvol en in oormaat ontvang (Lukas 6:38), maar sodra ons eers geestelik word, sal ons 30 keer meer, en nadat ons volkome geestelik word, sal ons 60 of 100 keer meer, oes. Daardie mense van gees kan enigiets ontvang, deur dit net in hul hart te koester.

Die seëninge gegee aan die mense van volkome gees, kan nie voldoende beskryf word nie. Hulle verheug hulle in God en daarom is God so in hulle verheug, soos geskrywe in Psalm 37:4, "Vind jou vreugde in die Here, en Hy sal jou gee wat jou hart begeer," God van Sy kant gee vir hulle wat hulle ookal benodig, soos geld, roem, mag of gesondheid.

Sulke mense sal nie voel dat hulle enigiets op 'n persoonlike vlak kortkom nie, en hulle het ook nie regtig nodig, om vir enigiets op 'n persoonlike vlak te bid nie. So, hulle bid altyd vir die koninkryk en die regverdigheid van God, asook vir die siele wie nie vir God ken nie. Hulle gebede is pragtig en 'n vol aroma voor God, omdat hulle gebede goed en vry is, van sonde en vir die siele is. Dus, is God in hulle baie verheug.

Wanneer hulle wie volkome heilig geword het, die siele liefhet en ywerig gebede stoor, kan hulle ook wonderlike krag openbaar, soos in Handelinge 1:8, "Maar julle sal krag ontvang wanneer die Heilige Gees oor julle kom, en julle sal my getuies wees in Jerusalem sowel as in die hele Judea en in Samaria en tot in die uithoeke van die wêreld." Soos verduidelik, mense van gees en volkome gees is vir God tot die uiterste lief en verheerlik God, en hulle ontvang al die seëninge soos in die Bybel belowe.

Hoofstuk 2
God se Oorspronklike Plan

God wou nie gehad het dat Adam vir ewig lewe, sonder om van ware blydskap, vreugde, dankbaarheid en liefde te weet nie. Dit is die rede waarom Hy die boom van die kennis van goed en kwaad daar geplaas het, sodat Adam uiteindelik alle vleeslike dinge kon ervaar.

Waarom het God nie die Mense as Gees Geskep nie?

Die Belangrikheid van Vrywilligheid en om dit in Gedagte te Hou

Die Doel om Menslike Wesens te Skep

God Wil Glorie van Ware Kinders Ontvang

Menslike ontwikkeling is 'n proses, waardeur mense van vlees weer na mense van gees terug verander word. Indien ons nie hierdie feit verstaan nie en net kerk toe gaan, is dit betekenisloos. Daar is baie mense wie kerk toe gaan, maar nie weer deur die Heilige Gees gebore is nie, en daarom het hulle geen versekering van saligheid nie. Die doel daarvan om 'n Christelike geloofslewe te lei, is nie net om saligheid te ontvang nie, maar dit is ook om die beeld van God te herwin, en ons liefde met God te deel en vir Hom vir ewig, as Sy ware kinders glorie te gee.

Nou, wat is God se oorspronklike bedoeling daarmee, om Adam as 'n lewende gees te skep, en die ontwikkeling van die mense op die aarde aan te voer? Genesis 2:7-8 sê, "Die Here God het toe die mens gevorm uit stof van die aarde en lewensasem in sy neus geblaas, sodat die mens 'n lewende wese geword het. Die HERE God het toe 'n tuin in Eden in die ooste aangelê en die mens wat Hy gevorm het, daar laat woon."

God het die hemele en die aarde grootliks met Sy Woord geskep. In die geval van die mens, het Hy hom met Sy eie hande gevorm. Die hemelse gasheer en die engele in die Hemel was almal as geeste geskep. Nietemin, selfs al was dit die bedoeling dat die mens uiteindelik in die Hemel sou woon, was dit nie die geval met hulle nie. Wat is die rede waarom God so 'n gekompliseerde proses, soos om die mens uit stof van die aarde te skep, sou wou onderneem? Waarom het Hy hulle nie in die eerste plek almal geeste gemaak nie? Hier lê 'n spesiale plan van God.

Waarom het God nie die Mense as Gees Geskep nie?

Indien God nie die mense uit nie stof van die aarde, maar net as gees geskep het, sou die mense nie in staat gewees het, om enigiets van die vlees te ervaar nie. Indien hulle slegs as gees geskep was, sou hulle die Woord van God gehoorsaam het, en nooit van die boom van die kennis van goed en kwaad geëet het nie. Die grond se karakter kan verander word, namate wat jy in die grond insit. Die rede waarom Adam kon bederwe, ten spyte van die feit dat hy in 'n geestelike ruimte was, was omdat hy uit die stof van die grond geskep was. Dit beteken nie dat hy reg van die begin af, bedorwe het nie.

Die Tuin van Eden is 'n geestelike ruimte wat met God se energie gevul was, en dit is waarom dit onmoontlik vir Satan was, om enige vleeslike hoedanighede in Adam se hart te plant. Maar omdat God vir Adam sy eie vrywilligheid gegee het, kon hy vlees aanvaar, indien hy die begeerte gehad het om dit te wil doen. Alhoewel hy 'n lewende gees was, kon vlees in hom kom, mits hy dit vrywilliglik aanvaar. Na die verloop van 'n lang tydperk het hy sy hart oopgemaak, vir Satan se versoekings en vlees aanvaar.

Inderwaarheid, die rede waarom God vir die mense in die eerste plek vrywilligheid gegee het, was vir die menslike ontwikkeling. Het God nie aan Adam vrywilligheid gegee nie, sou Adam nie enigiets iets vleesliks aanvaar het nie. Dit beteken ook, dat menslike ontwikkeling nooit sou plaasgevind het nie. In God se voorsienigheid van die mensdom, moes menslike ontwikkeling plaasvind, en in Sy alwetendheid, het God nie vir Adam as 'n geestelike wese geskep nie.

Die Belangrikheid van Vrywilligheid en om dit in Gedagte te Hou

Genesis 2:17 beskryf, "...maar van die boom van alle kennis mag jy nie eet nie. Die dag as jy daarvan eet, sterf jy." Soos verduidelik, daar was diepe voorsienigheid van God met die skepping van Adam uit die stof van die aarde, en om vir hom vrywilligheid te gee. Dit was vir menslike ontwikkeling. Wesens kan voorkom as ware kinders van God, slegs nadat hulle deur die proses van die menslike ontwikkeling, gegaan het.

Een van die redes waarom Adam gesondig het, was omdat hy vrywilligheid gehad het, maar die ander rede was omdat hy nie die Woord van God in sy gedagte gehou het nie. Om die Woord van God in jou gedagte te hou, is om Sy Woord in jou hart te graveer, en dit sonder verandering te beoefen.

Sommige mense hou aan om dieselfde fout te herhaal, terwyl ander nie dieselfde fout twee keer herhaal nie. Dit vloei voort uit die verskil om iets in jou gedagte te hou, of nie. Sonde het oor Adam gekom, omdat hy nie die belangrikheid besef het, om die Woord van God in sy gedagte te hou nie. Aan die ander kant, ons kan die toestand van die gees herwin, deur die Woord van God in ons gedagtes te hou, en dit te gehoorsaam. Dit is waarom dit belangrik is, om God se Woord in ons gedagtes te hou.

Daardie mense wie se gees wat as gevolg van die oorspronklike sonde gesterf het, indien hulle Jesus Christus aanneem en die Heilige Gees ontvang, se siele sal herleef. Vanaf hierdie oomblik aan, indien hulle God se Woord in gedagte hou en dit in hulle lewens beoefen, sal hulle lewe aan die gees skenk, deur die Gees. Hulle sal in staat wees om, gou geestelike groei te verkry. Daarom, om die Woord van God in gedagte te hou en dit onveranderd te beoefen, speel 'n baie belangrike rol in die gees se herwinning.

Die Doel om Menslike Wesens te Skep

Daar is baie lewende wesens in die Hemel, soos die engele wat God altyd gehoorsaam. Verwag egter 'n paar baie spesiale gevalle, hulle het nie menslikheid nie. Hulle het nie vrywilligheid waarmee hulle kan kies, om hulle liefde te deel nie. Dit is waarom God die eerste mens, Adam, geskep het as 'n wese met wie Hy, Sy ware liefde kon deel.

Slegs vir 'n oomblik, stel jou voor, God se blydskap terwyl

Hy die eerste mens, Adam, maak. Met die vorming van Adam se lippe, God wou hê dat hy God verheerlik; maak van sy ore, Hy wou gehad het dat hy na God se stem luister, en dit gehoorsaam; maak van sy oë, Hy wou gehad het dat hy die skoonheid van alles sien en besef, wat Hy geskep het om aan God glorie te bring.

Die doel van God se skepping van menslike wesens is om verheerliking en glorie deur hulle te ontvang, en om Sy liefde met hulle te deel. Hy wou kinders hê, met wie Hy die skoonheid van alles in die heelal en in die Hemel kon deel. Hy wou vreugde, vir ewig met hulle geniet.

In die boek Die Openbaring, sien ons daardie kinders van God wie gered is, vir ewigheid voor God se troon, besig met lofprysing en aanbidding. Wanneer hulle in die Hemel kom, is dit so mooi en vreugdevol dat hulle dit nie kan verhelp, om God te prys en te aanbid uit die diepte van hulle harte, dat God se voorsienigheid so innig en verborge is.

Mense was as 'n lewende wese geskep, maar het mense van vlees geword. Maar, indien hulle weer mense van gees word, nadat hulle alle soorte van vreugde, woede, liefde en hartseer ervaar het, dan kan hulle ware kinders van God word, wie uit die diepte van hulle harte liefde, dank en glorie aan God kan gee.

Tydens Adam se verblyf in die Tuin van Eden, kon hy nie as 'n ware kind van God beskou word nie. God het hom slegs van goedheid en die waarheid geleer, en dus het hy nie geweet wat sonde en kwaad was nie. Hy het geen benul gehad, wat ongelukkigheid en pyne was nie. Die Tuin van Eden is 'n geestelike ruimte, en daar is geen verganklikheid of dood daar nie.

Vir daardie rede het Adam nie die betekenis van die dood geken nie. Alhoewel hy in groot oorvloed en weelde gelewe het, kon hy nie ware blydskap, vreugde of dankbaarheid ervaar nie.

Aangesien hy nooit enige hartseer of ongelukkigheid ervaar het nie, kon hy ook nie vergelykenderwys ware vreugde of blydskap ervaar nie. Hy het nie geweet wat haat of ware liefde was nie. God wou nie gehad het dat Adam vir ewig lewe, sonder om ware blydskap, vreugde, dankbaarheid en liefde te ken nie. Dit is waarom Hy die boom van die kennis van goed en kwaad in die Tuin van Eden geplaas het, sodat Adam uiteindelik die vleeslike kon ervaar.

Wanneer hulle wie die vleeslike wêreld ervaar het, weer God se kinders word, dan verstaan hulle gewis hoe goed gees is, en hoe kosbaar die waarheid is. Hulle kan nou hulle ware dank teenoor God betuig, wie vir hulle die geskenk van die ewige lewe gegee het. Wanneer ons die hart van God verstaan, sal ons nie God se voorneme bevraagteken, waarom Hy die boom van die kennis van goed en kwaad gemaak het, en mense as gevolg daarvan laat ly het nie. Ons moet eerder, dank en glorie aan God gee, omdat Hy vir ons Sy enigste gebore Seun Jesus gegee het, om die mensdom te red.

God Wil Glorie van Ware Kinders Ontvang

God ontwikkel die mensdom nie net om ware kinders te verkry nie, maar ook om glorie deur hulle te ontvang. Jesaja 43:7 sê, "Elkeen wat na my Naam genoem word, elkeen wat Ek geskep het tot my eer, wat Ek gevorm het, wat Ek gemaak het." Ook, 1 Korintiërs 10:31 sê, "Of julle eet en of julle drink of wat julle ook al doen, doen alles tot eer van God."

God is die God van liefde en regverdigheid. Hy berei nie net die Hemel en die ewige lewe vir ons voor nie, maar Hy het ook Sy enigste gebore Seun gegee, om ons te red. God is die moeite werd, om glorie vir hierdie feit alleen te ontvang. Wat God regtig wou gehad het, was nie net om glorie te ontvang nie. Die laaste rede waarom God glorie wil ontvang, is om die glorie terug te gee aan die mense wie God verheerlik. Johannes 13:32 sê, "En aangesien God deur Hom verheerlik word, sal God self Hom ook verheerlik; en Hy sal Hom binnekort verheerlik."

Wanneer God deur ons glorie ontvang, gee Hy vir ons oorvloedige seëninge op die aarde, en Hy sal ook vir ons ewige glorie in die hemelse koninkryk gee. 1 Korintiërs 15:41 sê, "Die glans van die son is anders as dié van die maan of dié van die sterre. Ook verskil die een ster se glans van dié van die ander."

Dit vertel vir ons omtrent die verskille in die woonplekke en glorie wat elkeen van ons wie gered is, in die hemelse koninkryk sal geniet. Die hemelse woonplekke en glorie wat gegee sal word, sal op besluit word, ooreenkomstig tot watter mate ons, ons sondes verwerp het om suiwer en heilige harte te verkry, en hoe gelowig ons die koninkryk van God gedien het. Nadat dit gegee is, kan dit nie verander word nie.

God het mense geskep om ware kinders te verkry, wie geestelik is. Die oorspronklike plan van God is, vir mense om in hulle eie vrywilligheid te kies, om vlees en siel wat tot die onwaarheid behoort, te verwerp en in mense van gees en volkome gees te verander. Hierdie oorspronklike bedoeling van God om menslike wesens te skep en te ontwikkel, sal deur daardie mense wie mense van gees en volkome gees word, vervul word.

Hoeveel mense dink jy lewe, die lewens vandag wat die doel van God se skepping van menslike wesens, dit die moeite werd maak? Indien ons regtig God se doel verstaan, met die skepping van menslike wesens, sal ons beslis God se beeld wat deur Adam se sonde verlore gegaan het, herwin. Ons sou slegs in die waarheid sien, hoor en praat, en al ons gedagtes en dade sou heilig en volmaak gewees het. Dit is die manier om God se ware kinders te word, wie groter vreugde gee as die vreugde wat God gehad het, nadat Hy die eerste mens, Adam, geskep het. Sulke ware kinders van God sal die glorie in die Hemel geniet, wat nie met die glorie wat die lewende gees, Adam, in die Tuin van Eden geniet het, vergelyk kan word nie!

Hoofstuk 3
Ware Menslike Wese

God het die mense na Sy beeld geskep. God se ernstigste wil is dat ons God se verlore beeld sal herwin, en aan God se verruklike natuur sal deelneem.

Totale Plig van Mense

God Wandel Met Henog

God Se Vriend Abraham

Moses Het Sy Mense Liewer As Sy Eie Lewe Gehad

Apostel Paulus Verskyn Soos God

Hy Het Hulle Gode Genoem

Indien ons die Woord van God beoefen, kan ons 'n geestelike hart bekom, wat met die kennis van die waarheid gevul is, net soos wat Adam gehad het, terwyl hy 'n lewende gees was alvorens hy gesondig het. Die totale plig van die mense is, om God se verlore beeld te herwin, wat as gevolg van Adam se sonde verlore gegaan het, en om aan God se verruklike natuur deel te neem. In die Bybel, kan ons sien dat hulle wie Die Woord van God ontvang het en dit oordra, wie die geheime dinge van God spreek, en wie die krag van God ten uitvoer bring, om die lewende God te vertoon, was as so edel beskou dat selfs die konings voor hulle sou gebuig het. Dit is omdat hulle ware kinders van God was, wie die Allerhoogste is (Psalm 82:6).

Koningi Nebukadneser van Babilon het een dag 'n droom gehad, en het bekommerd geraak. Hy het die towenaars en die Chaldeërs laat roep, om sy droom aan hom te vertel en uit te lê, sonder om vir hulle te sê wat hy gedroom het. Dit was onmoontlik vir enige menslike krag, maar God kon, omdat Hy nie 'n menslike liggaam is nie.

Daarna het Daniël, wie 'n man van God was, gevra dat die koning hom die tyd moes toelaat, om sy droom aan hom uit te lê. God het vir Daniël die geheime dinge gedurende die nag in 'n visioen gewys. Daniël het voor die koning verskyn en aan hom die droom bekend gemaak, en vir hom die uitleg gegee. Koning Nebukadneser het op sy gesig neergeval en hulde aan Daniël betoon, en opdrag gegee om aan hom 'n offer en geurige wierook te gee, en hy het ook glorie aan God gegee.

Totale Plig van Mense

Koning Salomo het meer prag en oorvloed as enigiemand anders geniet. Gebaseer op die verenigde koninkryk wat sy vader, Dawid, tot stand gebring het, het sy land se krag net sterker geword, en baie buurlande het hulde aan hom gebring. Die koninkryk was op sy toppunt van sy prag, gedurende sy regering (1 Konings 10).

Met die verloop van tyd het hy God se genade vergeet. Hy het gedink alles het deur sy krag alleen gebeur. Hy het die Woord van God verwaarloos, en het God se opdrag om nie, nie-Joodse vroue te trou, verontagsaam. Hy het baie houvroue geneem, gedurende sy laaste dae. Verder het hy weelderige plekke, soos deur die nie-Joodse houvroue versoek, opgerig, en hy het homself ook afgode aanbid.

God het hom twee keer gewaarsku, om nie vreemde gode te volg nie, maar Salomo het nie geluister nie. Ten slotte, het God se toorn oor hulle in die volgende geslag gekom, en Israel was in twee koninkryke verdeel. Hy kon enigiets geneem het wat hy wou, maar naby sy laaste dae het hy bely, "Alles kom tot niks, sê die Prediker, tot niks" (Prediker 1:2).

Hy het besef dat alle dinge in hierdie wêreld betekenisloos was, en afgesluit, "Die slotsom van alles wat jy gehoor het, is dit: Dien God en gehoorsaam sy gebooie. Dit is wat van die mens gevra word" (Prediker 12:13). Hy sê die totale plig van die mense is om God te dien en Sy gebooie te gehoorsaam.

Wat beteken dit? Om God te dien is om te haat wat verkeerd is (Spreuke 8:13). Hulle wie God liefhet wil die sonde verwerp en Sy gebooie onderhou, en op hierdie wyse, word die totale plig van die mense vervul. Van ons kan gesê word, dat ons totale menslike wesens is, wanneer ons die hart van die Here volkome ontwikkel het, om God se beeld te herwin. Laat ons nou delwe in die voorbeelde van sommige aartsvaders en mense met ware geloof, wie vir God verheerlik het.

God Wandel Met Henog

God wandel die pad met Henog vir driehonderd jaar en het hom lewendig opgeneem hemel toe. Die loon van die sonde is die dood, en die feit dat Henog in die Hemel opgeneem is, sonder om sy dood te ervaar, is 'n bewys dat God erken dat hy sondeloos was. Hy het 'n suiwer en blaamlose hart ontwikkel, wat met God se hart ooreenkom. Dit is waarom Satan hom nie van enigiets kon beskuldig het, toe hy lewendig opgeneem was nie.

Genesis 5:21-24 het dit soos volg aangeteken: "Toe Henog 65 was, het hy die vader geword van Metusalag. Henog het na die geboorte van Metusalag nog 300 jaar naby God geleef en het seuns en dogters gehad. Henog se ouderdom was dus 365 jaar.

Hy het naby God geleef en toe was hy nie meer daar nie, want God het hom na Hom toe weggeneem."

'Om met God te wandel' beteken dat God is met daardie persoon die hele tyd. Henog het vir driehonderd jaar volgens God se wil gelewe. God was met hom, waar hy ook al gegaan het.

God is Lig, goedheid, en liefde self. Om met so 'n God te wandel, moet ons geen duisternis in ons hart hê nie, en ons moet met goedheid en liefde gevul wees. Henog het in 'n sondige wêreld gelewe, maar hy het homself suiwer gehou. Hy het ook God se boodskap aan die wêreld verkondig. Judas 1:14 sê, "Dit is oor hierdie mense dat Henog, wat van die sewende geslag ná Adam was, geprofeteer het. Hy het gesê: 'Kyk, die Here kom met sy duisende heilige engele.'" Soos geskrywe, hy het die mense laat weet, omtrent die Wederkoms van die Here en die Oordeel.

Die Bybel sê niks omtrent Henog se groot prestasies of dat hy vir God iets buitengewoon gedoen het. God was baie lief vir hom, omdat hy vir God eerbiedig het, en 'n heilige lewe gelei het, en alle sonde vermy het. Dit is waarom God hom op 'n 'jong ouderdom' geneem het. Mense het op daardie tyd 900 jaar gelewe, en hy was 365 toe hy geneem was. Hy was 'n jong, kragtige man.

Hebreërs 11:5 lees, "Omdat Henog geglo het, is hy weggeneem sonder dat hy gesterf het, en hy was nêrens te vind nie, omdat God hom weggeneem het. Van hom word getuig dat hy, voordat hy weggeneem is, geleef het soos God dit wou."

Selfs vandag, wil God hê dat ons 'n heilige en goddelike lewe moet lei, en suiwer en pragtige harte sonder vlekke van die wêreld moet hê, sodat Hy al die tyd met ons kan wandel.

God se Vriend Abraham

God wou gehad het, dat die mensdom deur Abraham, die 'vader van geloof' moes weet, hoe 'n ware kind van God lyk. Abraham was genoem 'die bron van seëning' en "n vriend van God". 'n Vriend is 'n persoon wie jy kan vertrou, en jou geheime mee kan deel. Natuurlik, was daar tye van verfyning, totdat Abraham vir God volkome kon vertrou. Hoe het dit dan gekom, dat Abraham as 'n vriend van God erken was?

Abraham het slegs met 'Ja' en 'Amen' gehoorsaam. Toe hy die eerste versoek van God ontvang het, om sy tuisdorp te verlaat, was hy net gehoorsaam sonder om te weet waarheen om te gaan. Abraham het ook die voordele vir ander gesoek, en vrede nagestreef. Hy het saam met sy neef Lot gewoon, en toe hulle paaie moes skei, het vir sy neef die reg gegee om eerste vir hom 'n stuk land te kies. Hy, as oom, het die reg gehad om eerste te kies, maar hy het dit afgestaan.

Abraham sê in Genesis 13:9, "Die hele land lê oop voor jou. Gaan jy liewer weg van my af. As jy links gaan, gaan ek regs, en as jy regs gaan, gaan ek links."

Aangesien Abraham so goedhartig was, het God vir hom die belofte van seëning weer gegee. In Genesis 13:15-16, belowe God, "Die hele land wat jy sien, gee Ek vir altyd aan jou en jou nageslag. Ek sal jou nageslag so baie maak soos die stof van die aarde. As iemand die stof van die aarde kan tel, sal jou nageslag ook getel kan word."

Een dag, het 'n verenigde mag van verskeie konings vir Sodom en Gommora aangeval, waar Abraham se neef Lot gewoon het. Hulle het die mense en die oorlog se buit geneem. Abraham het sy opgeleide manne wie daar gebore was, driehonderd en agtien van hulle, uitgelei en hulle so ver as Dan agtervolg. Hy het al die goedere, sowel as sy neef Lot met sy besittings, ook die vroue en die mense teruggebring.

Die koning van Sodom wou al die buit aan Abraham gee, om hom te bedank, maar Abraham het gesê, "Ek sal niks van jou vat nie, nie eers 'n garingdraad of 'n skoenveter nie, sodat jy nie kan sê: 'Ek het vir Abram ryk gemaak nie'" (Genesis 14:23). Dit was nie onregverdig om iets vanaf die koning te ontvang nie, maar hy het die koning se aanbod van die hand gewys, om te bewys dat al sy materiële seëninge is slegs van God afkomstig. Hy het slegs die glorie van God gesoek, met 'n suiwer hart vry van selfsugtige begeertes, en God het hom oorvloediglik geseën.

Toe God vir Abraham beveel het om sy seun, Isak, as 'n brandoffer te offer, het hy dit dadelik gehoorsaam, omdat hy God, wie die dooies kan opwek vertrou. Ten slotte, het God hom as die vader van die geloof gevestig, deur te sê, "Ek sal jou vrugbaar maak en jou nageslag so baie maak soos die sterre aan die hemel en soos die sand van die see. Jou nageslag sal die stede van sy vyande in besit neem. In jou nageslag sal al die nasies van die aarde geseën wees, want jy het My gehoorsaam" (Genesis 22:17-18). Verder, het God hom belowe dat die Seun van God, Jesus, wie die mensdom sou red, uit sy afstammelinge gebore sou word.

Johannes 15:13 sê, "Niemand het groter liefde as dit nie: dat hy sy lewe vir sy vriende aflê." Abraham was bereid om sy enigste seun, Isak, wie kosbaarder as sy eie lewe was, te offer, en daardeur sy groot liefde vir God te toon. God het vir Abraham verhef as 'n toonbeeld, voorbeeld van menslike ontwikkeling deur hom Sy vriend te noem, vir sy groot geloof en liefde vir God.

God is almagtig en daarom kan Hy enigiets doen, en Hy kan vir ons enigiets gee. Hy gee vir Sy kinders seëninge en antwoorde op hulle gebede, tot die mate wat hulle deur die waarheid in die menslike ontwikkeling verander het, sodat hulle God se liefde kan voel, met dank teenoor Sy seëninge.

Moses Het Sy Mense Liewer As Sy Eie Lewe Gehad

Toe Moses 'n prins in Egipte was, het hy 'n Egiptenaar doodgemaak om sy eie mense te help, en daarna moes hy vanaf Farao se paleis vlug. Daarna het hy in die wildernis gebly, en as 'n skaapwagter vir veertig jaar na 'n kudde omgesien.

Moses was in 'n lae posisie terwyl hy na die kudde omgesien het in die wildernis van Midian, en hy moes al sy trots en eiegeregtigheid prysgee, wat hy as 'n prins in Egipte gehad het. God het aan hierdie nederige Moses verskyn, en hom die opdrag gegee om die mense van Israel uit Egipte uit te lei. Moses moes sy lewe waag om dit te doen, maar hy was gehoorsaam en na Farao toe gegaan.

Indien ons die gedrag van Israel se mense in ag neem, kan ons sien hoe groothartig Moses was, toe hy al daardie mense aanvaar en omhels het. Wanneer die mense probleme ondervind het, het hulle by Moses gekla, en het selfs probeer om hom te stenig.

Wanneer hulle nie water gehad het nie, het hulle gekla dat hulle dors is. Wanneer hulle water gehad het, het hulle gekla dat hulle nie voedsel het nie. Toe God vir hulle manna van bo gee, het hulle gekla dat hulle nie vleis het nie. Hulle het gesê dat hulle in Egipte goed geëet het, en manna afgekraak deur te sê, dat dit ellendige voedsel is.

Toe God uiteindelik Sy gesig vanaf hulle wegdraai, het slange uit die woestyn gekom en hulle gebyt. Hulle kon steeds gered word, aangesien God Moses se ernstige gebed gehoor het. Die mense het waargeneem dat God met Moses vir 'n lang tyd was, maar het 'n afgod van 'n goue kalf gemaak en spoedig nadat Moses uit hulle sig was, dit aanbid. Hulle was ook deur nie-Joodse vroue mislei, om owerspel te pleeg, wat ook geestelike owerspel was. Moses het tot God met trane namens die mense gebid. Hy het sy lewe in ruil vir hulle vergifnis aangebied, selfs al het hulle nie die genade onthou, wat hulle ontvang het nie.

Eksodus 32:31-32 lees:

Moses het toe na die Here toe teruggegaan en gesê: "Hierdie volk het 'n ernstige sonde gedoen deur vir hulle 'n god van goud te maak. Vergewe tog hulle sonde. As dit nie kan nie, moet U my naam maar uitvee uit die boek wat U geskrywe het!"

Om sy naam uit die boek te vee, beteken dat hy nie gered sou word nie, en dat hy in die ewige vuur van die Hel sou ly, wat die ewige dood is. Moses het hierdie feit besef, maar hy wou gehad het dat die mense vergewe moes word, selfs al moes hy homself daarvoor opoffer.

Wat dink jy hoe het God gevoel, om hierdie Moses so te sien? Moses het God se hart deeglik verstaan. God haat sondes, maar wil sondaard red, en God was gelukkig met hom, en het hom baie liefgehad. God het Moses se gebed van liefde gehoor, sodat die mense van Israel vernietiging kon vryspring.

Stel jou voor, aan die een kant is daar 'n diamant. Dit is vlekloos en ongeveer die grootte van 'n vuis. Aan die ander kant is daar duisende klippe van dieselfde grootte. Dus, watter een sal die kosbaarste wees? Ongeag hoeveel klippe daar is, niemand sal hulle vir die diamant verruil kry nie. Op dieselfde wyse, Moses se waarde as persoon, wie die doel van die menslike ontwikkeling vervul het, was kosbaarder as miljoene mense wie dit nie gedoen het nie (Eksodus 32:10).

Numeri 12:3 praat van Moses as, "Moses was 'n uiters sagmoedige man, meer as enigiemand anders op die aarde" en in Numeri 12:7 God waarborg deur te sê, "Maar met my dienaar Moses is dit anders. Hy is die betroubaarste in my diens."

Die Bybel vertel ons by baie plekke, hoe lief het God vir Moses gehad. Eksodus 33:11 sê, "Die Here het direk met Moses gepraat soos 'n man met sy vriend." Ook in Eksodus 33, sien ons dat Moses vir God gevra het, dat Hyself moet verskyn, en God het hom geantwoord.

Apostel Paulus Verskyn Soos God

Die apostel Paulus het vir die Here met sy lewe gewerk, en nogtans was hy altyd hartseer omtrent sy verlede, omdat hy die Here vervolg het. So, het hy dankbaar en vrywillig al die streng toetse ontvang en gesê, "Ek is immers die geringste van die apostels en is nie werd om 'n apostel genoem te word nie, omdat ek die kerk van God vervolg het" (1 Korintiërs 15:9).

Hy was in die gevangenis, ontelbare kere geslaan en dikwels in doodsgevaar. Hy het vyl keer, nege en dertig sweepslae vanaf die Jode ontvang.

Hy was drie keer met ysterstawe geslaan, een keer was hy gestenig, drie keer was hy op die see gestrand, sodat hy by geleentheid een nag en een dag op die oop see moes deurbring. Hy was op herhaaldelike reise, in riviergevare, rowergevaar, gevaar van sy landgenote, gevaar van nie-Jode, stadsgevaar, gevare in die wildernis, gevare op die see, gevare tussen vals broeders; hy het gearbei en ontberings trotseer, deur baie slapelose nagte, in honger en dors, dikwels sonder voedsel, in koue en blootstelling.

Sy lydings was so groot dat hy in 1 Korintiërs 4:9 gesê het, "Dit lyk vir my God het aan ons, die apostels, die laaste plek in die ry gegee asof ons mense is wat tot die dood in die arena veroordeel is. Ons het 'n skouspel geword vir die wêreld, vir engele sowel as vir mense."

Nou, wat is die rede dat God toegelaat het dat die apostel Paulus, wie so gelowig was, sulke groot vervolgings en ontberinge moes ontvang en deurmaak? God wou gehad het dat Paulus as 'n persoon na vore moes kom, met 'n pragtige hart wat so helder soos kristal is. Paulus het niemand gehad waarop hy kon staatmaak, behalwe God, in vreeslike situasies waar hy enige oomblik gearresteer of doodgemaak kon word. Hy het troos en vreugde in God verkry. Hy het homself volkome misgun, en die hart van die Here ontwikkel.

Die volgende professie van Paulus is so aandoenlik, aangesien hy na vore gekom het as 'n pragtige persoon, deur al die toetse. Hy wou geen beproewing vermy nie, alhoewel dit te moeilik vir 'n mens was om te weerstaan. Hy het sy liefde vir die gemeente en die lidmate in 2 Korintiërs 11:28 bely deur te sê, "Behalwe dit alles was daar nog die daaglikse bekommernisse, die besorgdheid oor al die gemeentes."

Ook, in Romeine 9:3, omtrent sy mense wie hom wou doodmaak, het hy gesê, "Ek sou self vervloek wou wees, afgesny van Christus, as dit tot hulle voordeel kon wees." Hier verwys, 'my broeders, en my volksgenote' na die Jode en Fariseërs, wie vir Paulus so ernstig vervolg en gesteur het.

Handelinge 23:12-13 sê, "Die volgende dag het die Jode 'n komplot teen Paulus gesmee. Hulle het gesweer dat hulle nie sou eet of drink voordat hulle hom doodgemaak het nie. Daar was meer as veertig mense wat so saamgesweer het."

Paulus het nooit veroorsaak, dat hulle teenoor hom persoonlik 'n wrok moes koester nie. Paulus het nooit vir hulle 'n leuen vertel, of leed aangedoen nie. Net omdat hy die evangelie verkondig het, en God se krag vertoon het, het hulle 'n groep gevorm wat gesweer het, dat hulle hom sal doodmaak.

Nietemin, het hy gebid dat daardie mense gered kon word, selfs al beteken dit dat hy sy eie saligheid kon verloor. Dit is die rede waarom God vir hom so baie mag gegee het: hy het groot goedheid ontwikkel, waarmee hy sy eie lewe kon opoffer vir hulle, wie probeer het om hom te benadeel. God het hom toegelaat om buitengewone werke uit te voer, soos die verdrywing van bose geeste en siektes, deur net die siekes se sakdoeke of kledingstukke aan te raak.

Hy Het Hulle Gode Genoem

Johannes 10:35 sê, "God noem hulle tot wie sy woord gekom het, dus 'gode', en wat daar geskrywe staan, kan nie verander word nie." Soos wat ons die Woord van God ontvang, word ons persone van die waarheid, naamlik persone van die gees. Dit is die weg om God, wie gees is, se ewebeeld na te volg: om 'n mens van gees en verder 'n mens van volkome gees te word. Tot dieselfde mate, kan ons na vore kom, as wesens wat soos God is.

Eksodus 7:1 sê, "Die Here antwoord vir Moses, 'Kyk, Ek gee aan jou gesag oor die Farao, en jou broer Aäron sal jou woordvoerder wees.'" Ook, Eksodus 4:16 sê, "Wanneer hy namens jou met die volk praat, is hy jou segsman en jy die een wat hom sy opdragte gee." Soos geskrywe, God het aan Moses sulke groot krag verleen, dat hy voor die mense as God verskyn het.

In Handelinge 14, in die naam van Jesus Christus, het

die apostel Paulus 'n man laat regop staan en loop, wie nog nooit voorheen in sy lewe geloop het nie. Nadat hy opgestaan en gespring het, was die mense so verbaas dat hulle gesê het, "Die gode het soos mense geword en het na ons toe afgekom" (Handelinge 14:11). Soos in hierdie voorbeeld, hulle wie met God wandel, mag soos God verskyn, omdat hulle mense van gees is, selfs al het hulle fisiese liggame.

Dit is waarom dit in 2 Petrus 1:4 so geskrywe is: "Deur dit te doen, het Hy ons die kosbaarste en allergrootste gawes geskenk wat hy belowe het. Daardeur kan julle verderf ontvlug wat deur begeerlikheid in die wêreld werksaam is, en deel kry aan die Goddelike natuur."

Laat ons besef dat dit God se ernstigste begeerte is, dat die mense aan God se verruklike natuur moet deelneem, sodat ons die verganklike vlees sal verwerp, waarmee slegs die krag van duisternis geniet kan word, lewe skenk aan die gees deur die Gees, en eintlik aan die verruklike natuur van God deel te neem.

Wanneer ons die vlak van volkome gees bereik, beteken dit dat ons die gees heeltemal herwin het. Om die gees heeltemal te herwin, beteken dat ons God se beeld herwin het, wat met Adam se sonde verlore gegaan het, en dit beteken dat ons aan God se verruklike natuur deelneem.

Sodra ons hierdie vlak bereik, kan ons die krag wat aan God behoort, ontvang. God se krag is 'n gawe wat aan daardie kinders gegee word, wie God verteenwoordig (Psalm 62:11). Die bewys dat jy God se krag ontvang het, is die tekens en wondere, buitengewone wonderwerke, en wonderlike dinge wat deur die werke van die Heilige Gees uitvoer word.

Indien ons sulke krag ontvang, kan ons ontelbare siele op die pad van die lewe en saligheid lei. Petrus het baie groot werke deur die krag van die Heilige Gees uitgevoer.

Deur net een keer te preek, is meer as vyf duisend mense gered. Die krag van God is die bewys dat die lewende God met daardie spesifieke persoon is. Dit is ook 'n versekerde manier, om geloof in mense te plant.

Mense sal nie glo, tensy hulle tekens en wonders sien nie (Johannes 4:48). Daarom, God openbaar Sy krag deur mense van volkome gees, wie die gees heeltemal herwin het, sodat mense in die lewende God, die Saligmaker Jesus Christus, die bestaan van die Hemel en die Hel, en die betroubaarheid van die Bybel kan glo.

Hoofstuk 4
Geestelike Koninkryk

Die Bybel vertel dikwels vir ons omtrent die geestelike koninkryk, en hoe mense dit ervaar. Dit is ook die geestelike koninkryk waarheen ons na die lewe op die aarde sal heengaan.

Die Apostel Paulus Ken die Geheime van die Geestelike Koninkryk

Die Onbeperkte Geestelike Koninkryk word in die Bybel Uitgebeeld

Hemel en Hel Bestaan Sekerlik

Lewe na die Dood vir die Siele Wie Nie Gered Is

Aangesien Die Son en die Maan in Glorie Verskil

Die Hemel Kan Nie met die Tuin van Eden Vergelyk Word Nie

Nuwe Jerusalem, die Beste Geskenk aan Ware Kinders Gegee

Wanneer die mense, wie God se verlore beeld herwin het, hulle aardse lewens voltooi het, gaan hulle na die geestelike koninkryk terug. Anders as ons fisiese koninkryk, is die geestelike koninkryk 'n onbeperkte plek. Ons kan nie die hoogte, diepte of wydte daarvan meet nie.

So 'n uitgestrekte geestelike koninkryk kan verdeel word, in die ruimte van lig wat aan God behoort, en die ruimte van duisternis wat vir die bose geeste toegelaat word. In die ruimte van lig is die Koninkryk van die Hemel wat vir God se kinders, wie deur geloof gered is, voorberei is. Hebreërs 11:1 sê, "Om te glo, is om seker te wees van die dinge wat ons hoop, om oortuig te wees van die dinge wat ons nie sien nie." Soos gesê, die geestelike koninkryk is 'n wêreld wat onsigbaar is. Maar, soos die realiteit van die wind in die fisiese wêreld nie konkreet bewys kan word nie, nogtans bestaan dit, deur in geloof vir iets te hoop, wat ons nie regtig voor in die fisiese wêreld kan hoop nie, die gemanifesteerde bewyse van sy bestaan wat voorkom, bevestig wel sy bestaan.

Geloof is die ingang wat ons met die geestelike koninkryk verbind. Dit is die weg vir ons wie in die fisiese wêreld lewe, om

God, wie in die geestelike koninkryk is, te ontmoet. Met geloof, kan ons met God wie gees is, kommunikeer. Ons kan die Woord van God met ons geopende geestelike ore hoor en verstaan, en met ons geopende geestelike oë kan ons die geestelike koninkryk sien, wat ons nie met ons fisiese oë kan sien nie.

Soos wat ons geloof toeneem, sal ons meer hoop vir die hemelse koninkryk kry, en die hart van God meer grondig verstaan. Wanneer ons Sy liefde voel en besef, kan ons nie onsself weerhou, om Hom lief te hê nie. Verder, sodra ons volmaakte geloof bekom, sal die dinge van die geestelike koninkryk plaasvind, omdat God met ons sal wees, wat absoluut onmoontlik in hierdie fisiese wêreld is.

Die Apostel Paulus ken die Geheime van die Geestelike Koninkryk

In 2 Korintiërs 12:1 en verder, verduidelik Paulus sy ervaring in die geestelike koninkryk en sê, "Om te roem, het wel geen sin nie, maar terwyl dit dan nou moet, kom ek by gesigte en openbarings wat die Here gegee het." Dit was omtrent sy ervaring, om na die Paradys van die hemelse koninkryk in die Derde Hemel te gaan.

In 2 Korintiërs 12:6 sê hy, "Al sou ek wil roem, sal ek tog nie dwaas wees nie, omdat ek die waarheid sal praat. Maar ek weerhou my daarvan omdat ek nie wil hê dat iemand aan my meer moet toeskryf as wat hy my sien doen of my hoor sê nie." Die apostel Paulus het baie geestelike ervarings en ontvang die openbaringe vanaf God, maar hy kon nie oor alles praat, wat hy van die geestelike koninkryk weet nie.

In Johannes 3:12 sê Jesus, "Ek het julle van die aardse dinge vertel en julle glo dit nie, hoe sal julle glo as Ek vir julle van die hemelse vertel?" Selfs nadat hulle so baie kragtige werke met hulle eie oë gesien het, kon Jesus se dissipels Jesus nie heeltemal glo nie. Hulle het eers ware geloof bekom, nadat hulle getuies van die Here se opstanding was. Daarna, het hulle, hul lewens aan die koninkryk van God toegewy, en die verkondiging van die evangelie. Eweneens, die apostel Paulus het baie omtrent die geestelike koninkryk geweet, en hy het volkome sy plig gedurende sy hele lewe vervul.

Is daar nie 'n manier vir ons om die verborge geestelike koninkryk te ervaar en te verstaan, soos wat Paulus het? Natuurlik is daar. Eerstens moet ons na die geestelike koningkryk verlang. Om 'n ernstige hunkering na die geestelike koninkryk te hê, bewys dat ons God, wie gees is, erken en liefhet.

Die Onbeperkte Geestelike Koninkryk word in die Bybel Uitgebeeld

In die Bybel kan ons baie aantekeninge omtrent die geestelike koninkryk en geestelike ervaringe vind. Adam was as 'n lewende wese geskep, wat 'n lewende gees is, en hy kon met God kommunikeer. Selfs na hom, was daar baie profete wie met God gekommunikeer het, en somtyds God se stem direk gehoor het (Genesis 5:22, 9:9-13; Eksodus 20:1-17; Numeri 12:8). Somtyds, verskyn engele aan mense om God se boodskap te lewer. Daar is ook inskrywings omtrent die vier lewende skepsels (Esegiël 1:4-

14), engel (2 Samuel 6:2; Esegiël 10:1-6), 'n wa van vuur met perde van vuur (2 Konings 2:11, 6:17), wat aan die geestelike koninkryk behoort.

Die Rooi See was in twee verdeel. Water het uit 'n rots gekom, deur God se man, Moses. Deur middel van Josua se gebed, het die maan gestop en stil gestaan. Elisa het tot God gebid, en vuur vanaf die hemel laat neerkom. Nadat hy al sy pligte op die aarde afgehandel het, was Elisa in 'n warrelwind die hemel ingeneem. Hierdie is sommige voorbeelde van geleenthede, waar die geestelike koninkryk in die fisiese ruimte ontvou was.

Ter byvoeging, in 2 Konings 6, toe die krygsmag van Aram gekom het om Elisa gevange te neem, het Elisa se dienskneg, Gehasi, se geestelike oë oopgegaan, en hy het 'n menigte vurige perde en strydwaens rondom Elisa gesien, om hom te beskerm. Daniël was was in 'n leeukuil gegooi, na 'n plan van sy mede gesante, maar hy het niks oorgekom nie, omdat God Sy engel gestuur het, om die leeus se monde te sluit. Daniël se drie vriende was ongehoorsaam teenoor die koning, om sodoende hulle geloof te behou, en was in 'n gloeiende smeltoond gegooi, wat sewe keer warmer as normaal was. Nie een van hulle se hare was eers geskroei nie.

Die Seun van God, Jesus, het ook 'n menslike liggaam aangeneem toe Hy na die aarde gekom het, maar Hy het die dinge van die onbeperkte geestelike koninkryk ten uitvoer gebring, wat nie tot die beperkinge van die fisiese ruimte beperk is nie. Hy het die dooies opgewek, verskeie siekes genees, en op water geloop. Verder, na Sy wederopstanding het Hy skielik voor Sy twee dissipels verskyn, wie opweg was na Emmaus (Lukas 24:13-16), en alhoewel die deure gesluit was, omdat hulle bang was vir die Jode, het Jesus gekom en tussen hulle gaan staan en vir hulle gesê: "Vrede vir julle!" (Johannes 20:19)

Dit is inderwaarheid oorskryding van die fisiese ruimte. Dit vertel vir ons dat die geestelike koninkryk, oorskry die beperkinge van tyd en ruimte. Daar is 'n geestelike ruimte anders as die fisiese ruimte wat met ons oë sigbaar is, en Hy beweeg lang hierdie geestelike ruimte om by 'n plek en op 'n sekere tyd te verskyn, wanneer Hy wil.

Daardie kinders van God wie burgerskap van die Hemel het, moes na geestelike dinge gehunker het. God soek sulke mense wie hierdie hunkerende ervaring na die geestelike koninkryk het, soos Hy in Jeremia 29:13 gesê het, "Julle sal vra na my wil en julle sal dan my wil ken as julle met julle hele hart daarna vra."

Ons kan geestelik word, en God kan ons geestelike oë open, wanneer ons, ons eiegeregtigheid, selfontwerpte en selfgesentreerde raamwerke verwerp het, saam met so 'n hunkering.

Die apostel Johannes was een van Jesus se twaalf dissipels gewees (Die Openbaring 1:1, 9). In 95nC, was hy deur Domitianus, die Keiser van Rome gearresteer, en in 'n pot kokende olie gegooi. Hy het nie gesterf nie, maar was na Patmos Eiland, in die Aegean See verban. Daar het hy die boek, Die Openbaring, opgeteken.

Vir Johannes om sodoende die diepliggende openbaringe te

ontvang, moes hy die kwalifikasies daarvoor hê. Die kwalifikasies was dat hy heilig moes wees, sonder enige vorm van sonde, en 'n hart soos die Here het. Hy kon die diepliggende geheime en openbaringe van die Hemel, deur die inspirasie van die Heilige Gees, deur ywerige bidders, met 'n volkome suiwer en heilige hart, bring.

Hemel en Hel Bestaan Sekerlik

In die geestelike koninkryk is die Hemel en die Hel. Kort nadat ek Manmin Kerk geopen het, het God een keer vir my gedurende my gebed die Hemel en die Hel gewys. Die skoonheid en vreugde wat in die Hemel ervaar word, kan nie deur middel van woorde beskryf of oorgedra word nie.

In die Nuwe Testamentiese tye het hulle, wie Jesus Christus as hulle persoonlike Saligmaker aangeneem het, vergifnis van sondes en die saligheid ontvang. Hulle sal eerstens na die Bograf gaan, nadat hulle aardse lewe verby is. Daar, sal hulle vir drie dae bly, om hulleself vir die geestelike koninkryk aan te pas, daarna beweeg hulle na die wagplek in die Paradys, die koninkryk van die Hemel. Die vader van geloof, Abraham, was in die beheer van die Bograf, tot die Here se hemelvaart. Dit is waarom ons 'n aantekening in die Bybel vind, dat die arm man Lasarus was 'by die boesem van Abraham'.

Jesus het die evangelie verkondig, aan die siele in die Bograf nadat Hy Sy laaste asem aan die kruis uitgeblaas het (1 Petrus 3:19). Nadat Jesus die evangelie in die Bograf verkondig het,

het Hy opgestaan en al die siele daar, na die Paradys geneem. Sedertdien, daardie siele wat gered is, bly in die wagplek van die Hemel wat by die buitewyke van die Paradys geleë is. Na die Oordeel van die Groot Wit Troon afgehandel is, sal hulle na hulle onderskeie hemelse woonplekke gaan, ooreenkomstig elkeen se mate van geloof, en daar vir ewig woon.

By die Oordeel van die Groot Wit Troon wat sal plaasvind, nadat die menslike ontwikkeling afgehandel is, sal God elke handeling van elkeen wat sedert die skepping geboere is, beoordeel, of dit goed of sondig is. Dit word die Oordeel van die Groot Wit Troon genoem, omdat die oordeelstroon van God so helder en glinsterend sal wees, dat dit volkome wit vertoon (Die Openbaring 20:11).

Hierdie groot oordeel sal plaasvind, na die Here se wederkoms in die lug na die aarde toe, en nadat die Millennium Koninkryk verby is. Vir daardie geredde siele sal dit wees vir die oordeel van toekennings, en vir die ongereddes die oordeel van strawwe.

Lewe na die Dood vir die Siele Wie nie Gered Is

Hulle wie nie die Here aangeneem het nie, en hulle wie hulle geloof in Hom bely het, maar nie gered is nie, sal deur twee boodskappers van die weggeneem word, na hulle dood. Hulle sal in 'n plek soos 'n groot put vir drie dae bly, om gereedheid te verkry, om in die Laergraf te bly. Slegs ontsaglike pyn wag. Na drie dae sal hulle na die Laergraf geneem word, waar hulle, hulle onderskeie strawwe ooreenkomstig hulle sondes sal ontvang. Die Laergraf wat aan die Hel behoort, is so groot soos die Hemel, en daar is baie verskillende plekke om die ongeredde siel te akkommodeer.

Tot net voor die Oordeel van die Groot Wit Troon plaasvind, bly die siele in die Laergraf en ontvang verskeie soorte strawwe. Daardie strawwe sluit in, om deur insekte of diere, verskeur te word, of deur boodskappers van die Hel gemartel te word. Na die oordeel van die Groot Wit Troon, sal hulle in die meer van vuur of swael (ook bekend as die meer van brandende sulfer) ingaan en die leiding vir ewig ontvang (Die Openbaring 21:8).

Die straf in die meer van vuur of swael is, onvergelykbaar meer pynlik as die Laergraf se straf. Die vuur van die Hel is ondenkbaar warm. Die meer met swael is sewe keer warmer as die meer met vuur. Dit is vir daardie mense wie onvergeeflike sondes gepleeg het soos, laster en in opstand teen die Heilige Gees kom.

God het een keer vir my die meer met vuur en die meer met swael gewys. Die plekke was grensloos en gevul met iets soos stoom wat opborrel vanaf warmbronne, en die mense is vaagweg sigbaar. Sommiges was vanaf hulle bors sigbaar, terwyl ander tot by hul nek in die meer ingedompel was. In die meer met vuur het hulle ineengekrimp van die pyn en geskree, maar in die meer met swael kon hulle nie eers ineenkrimp nie. Ons moet glo dat hierdie onsigbare wêreld sekerlik bestaan, sodat ons volgens die

Woord van God lewe, dat ons beslis die saligheid kan ontvang.

Aangesien Die Son en die Maan in Glorie Verskil

Met verduideliking omtrent ons liggaam na ons opstanding, sê die apostel Paulus, "Die glans van die son is anders as dié van die maan of dié van die sterre. Ook verskil die een ster se glans van dié van die ander" (1 Korintiërs 15:41).

Die glorie van die son verwys na die glorie wat aan hulle gegee is wie hulle sondes volledig verwerp het, geheilig is, en gelowig in al God se werksaamhede op die aarde was. Die glorie van die maan verwys na die glorie gegee aan hulle, wie nie dieselfde vlak as die glorie van die son bereik het nie. Die glorie van die sterre word gegee aan hulle, wie selfs minder bereik het as, die glorie van die maan. Ook, omdat 'n ster verskil van 'n ander ster in glorie, sal elkeen verskillende glorie en toekennings ontvang, selfs indien elkeen in dieselfde woonplek in die hemel ingaan.

Die Bybel vertel vir ons dat ons verskillende glorie in die hemel sal ontvang. Die hemelse woonplekke en toekennings sal verskillend wees, afhangende tot watter mate ons, ons sondes verwerp het, tot watter mate ons geestelike geloof het, en hoe getrou ons teenoor die koninkryk van God was.

Die koninkryk van die Hemel het baie woonplekke, gegewe aan elkeen, ooreenkomstig die mate van elkeen se geloof. Die Paradys is aan hulle gegee wie die kleinste mate van geloof het. Die Eerste Koninkryk van die Hemel is 'n hoër vlak as die Paradys, en die Tweede Koninkryk van die Hemel is beter as die Eerste, en die Derde Koninkryk van die Hemel is beter as die Tweede. In die Derde Koninkryk van die Hemel is, die stad Nuwe Jerusalem en die Troon van God geleë.

Die Hemel Kan Nie met die Tuin van Eden Vergelyk Word Nie

Die Tuin van Eden is so 'n pragtige en vreedsame plek dat die mooiste plek op die Aarde nie daarmee vergelyk kan word nie, maar die Tuin van Eden kan nie eers begin om met die hemelse koninkryk vergelyk te word nie. Die blydskap wat in die Tuin van Eden ervaar word, is volkome verskillend van dit wat in die hemelse koninkryk ervaar word, omdat die Tuin van Eden in die tweede hemel is en die hemelse koninkryk in die derde hemel is. Dit is ook, omdat hulle wie in die Tuin van Eden woon, nie ware kinders is wie die proses van menslike ontwikkeling ondergaan het nie.

Veronderstel, die aardse lewe is 'n lewe in duisternis sonder enige ligte, dan is die lewe in die Tuin van Eden soos lewe met 'n lamp, en die lewe in die Hemel is soos om met helder elektriese ligte te lewe. Voordat die elektriese gloeilamp uitgevind was, het hulle lampe gebruik, wat baie dof was. Tog het dit iets waardevol gedoen. Toe mense die eerste keer elektriese ligte sien, was hulle verbaas.

Dit is reeds gemeld dat verskillende hemelse woonplekke aan mense gegee sal word, ooreenkomstig tot die mate van geloof en hart van gees, wat hulle gedurende hulle aardse lewens ontwikkel het. Elke hemelse woonplek is beduidend verskillend van mekaar, as gevolg van die glorie en blydskap wat daar ervaar word. Indien ons verby die vlak van net heiliging gaan, om getrou in al God se werksaamhede te wees, en 'n vokome geestelike persoon word, kan ons die stad Nuwe Jerusalem ingaan, waar die troon van God geleë is.

Nuwe Jerusalem, die Beste Geskenk aan Ware Kinders Gegee

Soos Jesus in Johannes 14:2 sê, "In die huis van my Vader is daar baie woonplek," daar is eintlik baie woonplekke in die Hemel. Daar is die stad Nuwe Jerusalem wat die troon van God huisves, terwyl die Paradys ook daar is, wat 'n plek is vir diegene wie skaars saligheid ontvang het.

Die stad Nuwe Jerusalem, ook genoem die 'Stad van Glorie', is die mooiste plek tussen al die hemelse woonplekke. God wil hê, dat elkeen nie net die saligheid moet ontvang nie, maar hierdie stad moet ingaan (1 Timoteus 2:4).

'n Landbouer kan nie slegs die beste kwaliteit graan met sy boerdery oes nie. Net so, nie almal wie menslike ontwikkeling ontvang het, kan na vore tree as ware kinders van God, wie volkome geestelik is nie. So, vir hulle wie nie sal kwalifiseer om die stad Nuwe Jerusalem in te gaan nie, het God baie woonplekke voorberei, soos die Paradys, die Eerste, Tweede, en Derde Koninkryk van die Hemel.

Die Paradys en Nuwe Jerusalem is so verskillend, baie dieselfde as 'n klein verslete pondok en 'n koninklike paleis van mekaar verskil. Net soos wat ouers daarvan sal hou, om vir hulle kinders die beste dinge moontlik te gee, wil God hê dat ons Sy ware kinders moet word, en al die dinge in Nuwe Jerusalem met Hom moet deel.

God se liefde is nie tot 'n sekere groep mense beperk nie. Dit word gegee, aan almal wie Jesus Christus aanneem. Die hemelse woonplekke en toekennings, asook die mate van God se liefde wat gegee word, sal verskil ooreenkomstig tot elkeen se mate van heiliging en getrouheid.

Hulle wie na die Paradys, die Eerste, of Tweede Koninkryk van die Hemel gaan, het nie hulle vlees volkome verwerp nie, en hulle is nie ware kinders van God nie. Net soos wat klein kinders nie alles omtrent hulle ouers kan verstaan nie, is dit vir hulle moeilik om God se hart te verstaan. Daarom, is dit ook God se liefde en regverdigheid dat Hy verskillende woonplekke, ooreenkomstig elkeen se geloof voorberei. Net soos wat dit baie aangenaam is. om saam met vriende van dieselfde ouderdomsgroep te kuier, is dit gemakliker en aangenamer vir die hemelse inwoners om saam, met hulle te vergader wie dieselfde geloofsvlakke het.

Die stad Nuwe Jerusalem is ook 'n bewys dat God perfekte vrugte deur die menslike ontwikkeling verkry het. Die twaalf fondamentstene van die stad bewys dat die harte van God se kinders, wie die stad ingaan, is so mooi soos daardie kosbare edelstene. Die pêrelhek bewys dat daardie kinders wie deur daardie hekke gaan, het uithouvermoë ontwikkel, net soos wat die skulpe pêrels maak, deur hulle uithouvermoë.

Wanneer hulle deur die pêrelhekke beweeg, word hule herinner aan die tye van hulle geduld en volharding, om in die Hemel te kom. Wanneer hulle op die goue paaie loop, onthou hulle die geloofsweë wat hulle op die aarde geneem het. Die grootte en versierings van die huise wat aan elkeen gegee word, sal hulle daaraan herinner hoe lief hulle God het, en hoe het hulle glorie aan God deur hulle geloof gegee het.

Hulle wie die stad Nuwe Jerusalem kan ingaan, kan God van aangesig tot aangesig sien, omdat hulle 'n hart so suiwer en pragtig soos kristal ontwikkel het, en God se ware kinders geword het. Hulle sal ook deur talryke engele bedien word, en in ewigdurende blydskap en vreugde lewe. Dit is so 'n verruklike en heilige plek bo enige menslike voorstelling.

Net soos wat daar verskeie soorte boeke is, is daar in die Hemel ook verskeie soorte boeke. Daar is die boek van die lewe, waarin die name van die gereddes in aangeteken word. Daar is ook die boek van herinnering, waarin die dinge wat vir ewig herdenk kan word, in aangeteken word. Dit is goudkleurig en het edel en koninklike patrone op die omslag, sodat almal maklik kan besef, dat dit 'n boek van groot waarde is. Dit teken breedvoerig aan, omtrent watter persone watter dinge onder watter omstandighede gedoen het, en die belangrikste gedeeltes word ook op video vasgelê.

Byvoorbeeld, dit bevat sulke gebeurtenisse soos Abraham wie sy seun, Isak, as 'n brandoffer offer; Elisa wat die vuur vanaf die hemel laat neerkom; Daniël wie in die leeukuil beskerm word; en Daniël se drie vriende wie geensins iets oorgekom het, in die gloeiende smeltoond om aan God glorie te bring. God het 'n sekere, kosbare dag gekies om 'n deel van die boek te open, en die inhoud daarvan aan die mense bekend te maak. Die kinders van God het na Hom geluister, en aan God glorie gegee met lofsange.

In die stad Nuwe Jerusalem sal feesmale voortdurend plaasvind, insluitend die feesmale wat deur God die Vader gehou word. Daar word feesmale deur die Here, die Heilige Gees, en ook deur profete soos Elisa, Henog, Abraham, Moses, en die apostel Paulus gehou. Ander gelowiges kan ook ander broeders uitnooi, om 'n feesmaal te hou. Feesmale is die toppunt van vreugde, ten opsigte van die hemelse lewe. Dit is die plek om oorvloed, vryheid, skoonheid en die Hemelse glorie in 'n oogwink te sien en te geniet.

Selfs op die aarde versier die mense hulle pragtig, en geniet hulleself deur te eet en te drink, tydens groot feesmale. Dit is dieselfde in die Hemel. By die feesmale in die hemel tree engele op met sang en danse, en musiek word gespeel. Die kinders van God mag ook sing en dans, op maat van die musiek. Die plek is gevul met pragtige danse en sang, en die klank van gelukkige gelag. Hulle kan vreugdevolle gesprekke met die broeders van geloof voer, wat hier en daar by ronde tafels sit, of hulle kan die aardsvaders van geloof ontmoet, wie hulle na uitgesien het om te ontmoet.

Indien hulle na 'n feesmaal wat deur die Here gehou word, uitgenooi word, sal die gelowiges hulle versier in 'n poging om die mooiste bruide van die Here te wees. Die Here is ons geestelike bruidegom. Wanneer die bruide van die Here die voorkant van die Here se kasteel bereik, sal twee engele hulle nederig aan weerskante van die hek, wat met goue helder ligte toegerus is, ontvang.

Die mure van die kasteel is versier, met verskeie kosbare edelstene. Die muur se bokant is verfraai met pragtige blomme, en hierdie blomme stel 'n sagte aroma vry, vir die bruide van die Here wie nou net daar gearriveer het. Sodra hulle die kasteel binnegaan, kan hulle die musiekklanke hoor, wat selfs die diepste deel van hulle gees aanraak. Hulle voel blydskap en gemaklik met die klank van verheerliking, en hulle is diep aangeraak deur hulle dank, gedagtig aan God se liefde, wie hulle na daardie plek gelei het.

Soos wat hulle die pad van goud na die hoofgebou van die Here se kasteel stap, begelei deur engele, is hulle harte gevul met 'n gefladder. Met hul nadering van die hoofgebou, kan hulle die Here sien, wie uitkom om hullle te ontvang. Onmiddellik is hulle oë met trane gevul, maar nou hardloop hulle na die Here, wat hulle wil die Here so gou as moontlik ontmoet.

Die Here omhels hulle een vir een met Sy gesig gevul met liefde en deernis, en Sy arms wyd oopgestrek. Hy verwelkom hulle en sê, "Kom! My pragtige bruide! Welkom!" Die gelowiges wie hartlik deur die Here verwelkom is, sal Hom uit die diepte van hulle harte bedank en sê, "Ek dank U regtig vir my uitnodiging!" Net soos hulle wie hulle liefde innig deel, loop hulle hand aan hand met die Here, en neem net hier en daar kennis van dinge rondom hulle, en voer gesprekke met Hom, wat hulle so op die aarde na gehunker het.

Die lewe in die stad Nuwe Jerusalem, saam met die Drie-enige God, is gevul met liefde, vreugde en blydskap. Ons kan die Here van aangesig tot aangesig sien, aan Sy boesem wees, saam met Hom reis en baie dinge saam met Hom geniet! Wat 'n gelukkige lewe is dit! Om sulke vreugde te geniet, moet ons heilig word en die gees en die volkome gees wat die ewebeeld van die Here se hart is, ten uitvoer bring.

Daarom, laat ons vinnig die volkome gees ten uitvoer bring, met die hoop om die seëninge te ontvang, dat dit in alles met ons goed sal gaan, gesond en ons siel voorspoedig sal wees, en later so na as moontlik aan God se troon, in die pragtige stad Nuwe Jerusalem sal kom.

Die outeur:
Dr. Jaerock Lee

Dr. Jaerock Lee is in 1943 in Muan, Jeonnam Provinsie, Republiek van Korea gebore. Gedurende sy twintigerjare het Dr. Lee vir sewe jaar aan 'n verskeidenheid ongeneeslike siektetoestande gely, en op die dood gewag, met geen hoop op herstel nie. Nogtans, eendag gedurende die lente van 1974 het sy suster hom saam kerk toe geneem. Terwyl hy gekniel het om te bid, het die lewende God hom onmiddellik van al sy siektes genees.

Vanaf die oomblik wat hy die lewende God ontmoet het, deur die wonderlike ervaring, het Dr. Lee vir God met sy hele hart opreg liefgehad, en in 1978 was hy as 'n dienskneg van God geroep. Hy het vuriglik gebid met ontelbare vastingsgebede sodat hy duidelik die wil van God kon verstaan, en dit volledig ten uitvoer kon bring, en die Woord van God gehoorsaam. In 1982 het hy die Manmin Sentrale Kerk in Seoul, Korea gestig, waar ontelbare wonderwerke van God, insluitende wonderbaarlike genesings, tekens en wonderwerke al plaasgevind het. Sedertdien gaan dit by sy kerk nog steeds voort.

In 1986 was Dr. Lee as 'n pastoor by die jaarlikse vergadering van die Jesus Sungkyul Kerk van Korea georden, en vier jaar later in 1990, was daar begin om sy preke na Australië, Rusland en die Filippyne uit te saai. Binne 'n baie kort tydperk was meer lande deur middel van die 'Far East Broadcasting Company, the Asia Broadcast Station, and the Washington Christian Radio System' bereik.

Drie jaar later in 1993, was Manmin Sentrale Kerk aangewys as een van die "World's Top 50 Churches" deur die Christelike Wêreld tydskrif (VS) en hy ontvang 'n Ere Doktorsgraad van die Christelike Geloofs Kollege, Florida, VSA, en in 1996 ontvang hy sy Ph. D. in Teologie van Kingsway Teologiese Kweekskool, Iowa, VSA.

Sedert 1993 het Dr. Lee wêreld evangelisasiewerk uitgebou deur baie oorsese kruistogte in Tanzanië, Argentinë, Los Angeles, Baltimore Stad, Hawaii, en New York Stad van die VSA, Uganda, Japan, Pakistan, Kenia, die Filippyne, Honduras, Indië, Rusland, Duitsland, Peru, Demokratiese Republiek van die Kongo, Israel en Estonia aan te bied.

In 2002 was hy as 'n "worldwide revivalist" vir sy kragtige evangeliebediening in verskeie oorsese kruistogte, deur die groot Christelike nuusblad in Korea, erken. In besonder was sy 'New York Crusade 2006' gehou in Madison Square Garden, die wêreld se beroemdste optree arena. Die optrede was na 220 nasies uitgesaai, en in sy

'Israel United Crusade 2009', gehou by die Internasionale Byeenkoms Sentrum in Jerusalem, het hy dapper aangekondig dat Jesus Christus waarlik die Messias en Redder is.

Sy preke word na 176 nasies per satelliet insluitende GCN TV uitgesaai. Hy was ook as een van die 'Top 10 Most Influential Christian Leaders' van 2009 gelys. In 2010 ook by die populêre Russiese Christelike tydskrif, In Victory, en die nuusagentskap Christelike Telegraaf, vir sy kragtige evangeliebediening tydens televisie-uitsendings, en oorsese kerklike pastoraatwerk.

Sedert Mei 2013 is Manmin Sentrale Kerk 'n gemeente met meer as 120,000 lidmate. Daar is wêreldwyd meer as 10,000 kerktakke insluitende 56 plaaslike kerktakke, en meer as 129 sendelinge is na 23 verskillende lande gesekondeer, insluitende die Verenigde State, Rusland, Duitsland, Kanada, Japan, China, Frankryk, Indië, Kenia en baie meer tot dusver.

Tot op datum van hierdie publikasie, het Dr. Lee reeds 85 boeke, waaronder topverkopers soos,' Tasting Eternal Life before Death, My Life My Faith I & II, The Message of the Cross, The Measure of Faith, Heaven I & II, Hell, Awaken, Israel!, en The Power of God' geskryf. Sy werke is in meer as 75 verskillende tale vertaal.

Sy Christelike Kolomme verskyn in 'The Hankook Ilbo, The JoongAng Daily, The Chosun Ilbo, The Dong-A Ilbo, The Munhwa Ilbo, The Seoul Shinmun, The Kyunghyang Shinmun, The Korea Economic Daily, The Korea Herald, The Shisa News, en The Christian Press'.

Dr. Lee is tans 'n leiersfiguur by baie sendingorganisasies en verenigings. Posisies sluit in: 'Chairman, The United Holiness Church of Jesus Christ; President, Manmin World Mission; Permanent President, The World Christianity Revival Mission Association; Founder & Board Chairman, Global Christian Network (GCN); Founder & Board Chairman, World Christian Doctors Network (WCDN); and Founder & Board Chairman, Manmin International Seminary (MIS).

www.ingramcontent.com/pod-product-compliance
Lightning Source LLC
LaVergne TN
LVHW021806060526
838201LV00058B/3260